Knaur

Vollständige Taschenbuchausgabe September 1991
Droemersche Verlagsanstalt Th. Knaur Nachf., München

Umschlaggestaltung Adolf Bachmann
Umschlagfoto Ingo F. Meier
Druck und Bindung brodard & taupin
Printed in France 5 4 3 2 1
ISBN 3-426-02886-7

Andreas Hopf:
Baffo

Geschichte eines Hundes

Knaur®

Inhalt

Ein Abschied

Der Alte erzählt

Eine lange, kurze Geschichte vorweg: *temporale*

Ein Zettelchen lag auf dem Tisch der *sala:* »Ich liebe dich, aber leben kann ich nicht mit Dir, Du versorgst, vorsorgst zuviel. Kümmern und Kümmern. P.« (Das *und* war dick unterstrichen.) Ein Wortspiel als Abschied? Geschieht mir recht! Paula hat mich verlassen. Paula mit dem Spitznamen »Das Tempodram«, auf dem Kopf genauso krusselig wie drin, redet schnell, lebt schnell, ach Paula, Schnatterling!

Ich saß auf den Stufen vor dem großen, leeren Haus. Die Steine waren warm, Eidechsen huschten über die alten Mauern, in deren Fugen die Kapern mählich verdorrten. Die Bougainvillea hing schwer von violetten Blütentrauben, und das Gras war schon braun und knistrig. Von der *piazza* her wellten fröhliches Schwatzen und spitzes Kinderlachen, plärrte Musik.

Schwer lastete die Hitze überm Dorf, kein Lufthauch war zu spüren, selbst in den schmalen Gassen nicht, durch die sonst gegen Abend Kühlung fächelte.

Das Haus, unser Haus, jetzt, unter den schweren

Schlagschatten wirkte es noch düsterer, riesiger, leerer.
Eigentlich war es mehr ein Turm, gebaut aus grauen Feldsteinen und nur roh verputzt – *torre grigio* nannten es die Einheimischen: drei riesige quadratische Säle übereinander, durch eine offene Wendeltreppe miteinander verbunden. Ganz unten die *sala,* Küchen-eck und Bad geschickt in die Treppenkonstruktion eingeklinkt. Darüber ein noch unbestimmter Raum, ganz wie Paula und ich, miteinander, und oft genug Platz für Gäste. Ganz oben ein niedriges Zimmer mit zahlreichen Fenstern wie Schießscharten, von denen man über die rostroten, fleckigen Dächer des Dörfchens Mugnaga, über ein Stückchen See und die Berge blickte. Ein Relikt, wohl ein uraltes Limonaienhaus, ein Fremdkörper hier, den sich die alte Fischersiedlung Mugnaga einfach mit Mauern und Simsen in die dörfliche Fassade einverleibt hatte.
Die paar Schritte zum Hafen hinüber versprachen nichts, sogar die Schiffe lagen um diese Zeit wie erstarrt im Wasser.
Fledermäuse flirrten um die Giebel, jagten nach Mücken, lebten ihren torkeligen Flugkunststücken. Bald würde ein *temporale* die Gluthitze vertreiben.
Vorboten der Erlösung: Die ersten Tropfen pitschten auf das Katzenkopfpflaster, verdampften sofort. Schwere, schwarze Wolkenballen quollen über den Berg; die ersten Blitze, sich rasch näherndes Donnern, dann klatschte der Regen herunter, endlich.
Sogleich verwandelten sich die steilen Gassen in Rinnsale, kleine Bäche. Die streunenden Katzen ver-

zogen sich unter das häßliche Plastikdach des öffentlichen Waschplatzes – sie kannten das schon: es würde höchstens eine halbe Stunde dauern.
Ich blieb einfach auf den Stufen sitzen und freute mich über die Nässe auf Kopf und Rücken, das Naß für den dürstenden Boden. Die Fledermäuse hatten sich jetzt unters Dach und in Mauerlöcher verkrochen, auch der fröhliche Lärm auf dem Marktplatz erstarb, um mich nur das Krachen des Gewitters und das Rauschen des löschenden Regens.
Ich fühlte mich allein.

Dann sah ich ihn, das heißt, zunächst wußte ich nicht, was es war. Ein dunkler Schatten, hell gefleckt, drückte sich am Gemäuer entlang, versuchte beim Waschplatz ein Eckchen zu finden. Welche Tiere laufen nur so, fragte ich mich – die Beine auseinandergeknickt, dicht am Boden, wackelig, schniefend?
Am Schnaufeln erkannte ich: ein junger Hund.
Ich mußte lachen, stand auf und ging durch das Prasseln zu ihm hinüber. Komm, sagte ich, und für den Fall, daß er mich nicht verstand, *vieni qui* und *vate ne* (was das genaue Gegenteil heißt, wie mir später einfiel, nämlich hau ab, verpiß dich), und brabbelte beruhigend auf ihn ein, ließ ihn meine Hand spüren, vorsichtig. Das Kerlchen zitterte, deshalb also konnte es nicht richtig laufen.
Ich nahm ihn am Fellkragen, mit der anderen Hand faßte ich unter sein Hinterteil und trug ihn ins Haus. Ein kugelrundes, dampfendes, tierriechendes Fellhäufchen, ach was, ein ziemlich schweres Ding, groß

wie ein Lamm und naß wie ein Schwamm, und es tropfte.
Das Gewitter sperrten wir aus, es ließ sowieso schon nach. Er bibberte erbärmlich.
Handtücher, wo sind Handtücher? Egal, der Frotteemantel wird's auch tun. Ich packte ihn einfach hinein und rubbelte ihn ab; er schien sich zu beruhigen.
Draußen grummeite es inzwischen nur noch von fern, durchs Fenster sah ich scharfe Schatten von rötlichen Sonnenflecken, die durch die jagenden Wolken hin und her geschoben wurden, sie flirrten, ein merkwürdig gleißendes Licht, rasch wechselnd mit rabenschwarzer Nacht. Dunkel erinnere ich mich auch, einen Regenbogen gesehen zu haben, einen den See überspannenden *arcobaleno* – ein poetisches Wort. Irgendwie empfand ich Vorfreude, Positives. Ein dramatisches Wetter jedenfalls, das sich dieser Hund ausgesucht hatte, um bei mir zu erscheinen und meinen Bademantel so naß in Besitz zu nehmen.
Ich hob ihn auf den Tisch, den Brief von Paula schob ich beiseite und öffnete dann neugierig das Frotteepaket.
Eine dicke schwarze Nase lugte als erstes heraus, links und rechts davon ein fester, noch feuchter Schnauzbart und die Andeutung eines, soweit man dies in dem zerstruwwelten Zustand zu erkennen vermochte, schlohweißen Spitzbarts. Die Augen konnte ich nicht sehen, grauschwarzes Fellgekräusel verdeckte sie.
So hockte er in den Falten meines Bademantels, auf dem Tisch, plazierte den Kopf mit langen Schlappoh-

ren zwischen die dick befellten weißen Vorderpfoten und schniefte.
Ich packte ihn ganz aus. Alle vier Tappen, Nacken und Brust waren weiß, sonst war er schwarzgrau, eisgrau, bis auf die Schwanzspitze: Das kleine weiße Haarfähnchen wedelte zaghaft hin und her.
Und der Bart natürlich: Je mehr der trocknete, desto plusteriger erschien er mir, genauso wie der ganze kleine Kerl.
Baffo barbone, dachte ich spontan, das heißt soviel wie *Typ, Klecks, bärtiger, du!* und ist eine ungewöhnlich zärtliche Anrede für jemanden, den man noch gar nicht kennt. Ich sagte das wohl auch laut, jedenfalls hob er leicht den Kopf. Unter seiner Nase, aus dem Haargewirr, schaute fröhlich eine rosa Zunge hervor, er hechelte kurz und legte seinen Kopf wieder zwischen die Pfoten.
Seine Augen blieben verdeckt, aber ich deutete seine kaum merkbaren, blinzeligen Haar- und Kopfbewegungen so, daß er mich aus dem Schutz seiner inzwischen fast trockenen, dicken Wolle heraus beobachtete. Nun gut, fand ich, fürs erste soll es genug sein, seine Augen werde ich mir morgen bei Tageslicht anschauen; ich wollte ihm nicht zu nahe treten, nicht sofort alles auf einmal von ihm wissen.
Freundschaft, vielleicht, beginnt diskret.

Am anderen Ende der Leine: Ich

Eine Freundschaft mit Haken, denn zuerst mußten ein paar Alltagsprobleme bewältigt werden. Das kleine Bündel Hund entpuppte sich als ein deutlicher Struwwelköter, einem Bobtail nicht unähnlich, jedoch mit Schwanz. Ich schätzte ihn auf ein knappes Jahr, was mir später Fachleute bestätigten. Irgendwo war er abhanden gekommen. Doch wem?
In Mugnaga, überall, auch in den Nachbardörfern fragte ich nach. Niemand wußte, wohin er gehörte. Ich beschloß, seine Vergangenheit so auszulegen, daß durchreisende Touristen, des ersten Hundeglücks auf der Reise jäh überdrüssig, ihn, wie das so oft geschieht, aus dem Auto befördert hatten. Also tat er mir leid.
Kurz: Ich adoptierte ihn, war eigentlich erleichtert, daß sich kein rechtmäßiger Besitzer fand.
Die Frage, was frißt so ein Hund, war durch intensive Recherchen bei den mitleidig lächelnden Nachbarn rasch geklärt, auch wenn ich von jedem etwas anderes hörte, jeweils überzeugend und mit Nachdruck vorgetragen.

Wo und wie ihn unterbringen – braucht der Hund nicht einen festen Platz? Zunächst schien ihm ja der Bademantel zu behagen, doch schon nach wenigen Tagen klärte sich die Sache: Er hielt sich immer in meiner Nähe auf; saß ich am Tisch, legte er den Kopf auf meine Füße. Seinen Versuchen, des Nachts mein Bett zu erobern, widerstand ich allerdings energisch. Meist zog er sich schnuffelnd, als ob ich ihn tief beleidigt hätte, in meinen Stammlieblingsoberchefsessel zurück, was ich auch nicht gern sah, aber duldete. Und bald bestand das ganze Haus aus lauter solchen Lieblingsplätzen.

Nachts lagerte er gern vorm ausglühenden Kamin, auf den angewärmten Terrakottafliesen, morgens prüfte er meine Laune und beflügelte das Wachwerden durch einen nassen Stups seiner dicken schwarzen Nase, dann legte er sich rücklings, alle Viere nach oben, in das kleine Eck unterm Waschbecken. So hatte er mich, sobald ich aufgestanden war, gut unter Kontrolle, selbst auf dem Rücken noch und mit lustvoll gestreckten Vorder- und Hinterbeinen.

Sein weißes Schwanzfähnchen riddelte hin und her, wenn ich endlich erschien. Aber er grollte auch schon mal, knurrte empört, wenn mein Fuß ihm zu nahe kam, als ob ich vergessen, übersehen könnte, daß sich da einer breitmachte . . .

Die ersten Tage begrüßte er mich mit einem fröhlichen *Baff,* einem so liebenswürdigen, daß ich endgültig beschloß, ihn *Baffo* zu nennen.

So eroberte er sich nach und nach und zugleich in Windeseile erst das Haus, dann den Garten, dann den kleinen Rest der Welt; er lagerte mal hier, mal da, in einem Sonnenfleckchen oder, wenn die Sonne hoch stand, in einer kühlen Ecke, am liebsten aber im Garten, im lichten Schatten der Olivenbäume und, offenbar noch zufriedener, neben mir auf den Stufen vorm Haus – meinem bevorzugten »Denkplatz«.

Ein Verhalten beunruhigte mich: Mehrmals am Tag legte er sich vor mich hin, unübersehbar, die hinteren Pfoten weit nach hinten gestreckt, die vorderen gerade nach vorn, dazwischen den Kopf platt auf dem Boden (wie man so liegen kann!). Seiner Kehle, seinem Brustkasten, dem ganzen Hund entstieg dann ein maunzelndes Jaulen, leises Crescendo, und äußerst variationsreich. Ich rätselte, was das zu bedeuten hätte. Trauerte er, vielleicht?

Ich telefonierte nach Deutschland und ließ mir allerlei Hunderatgeber schicken, die mir denn auch schnell die Augen öffneten: Seine Haltung war eine freundliche (wenn auch sehr nachdrückliche, oft genug gar unwiderstehliche) Aufforderung, mit ihm zu spielen oder sonst *action* herbeizuzaubern. Überhaupt befand er sich immer in Spiellaune, anders als in den Ratgebern stand (über deren Menge ich staunte: Sie übertraf noch die Anzahl von Menschenratgebern, Stichwort Erziehung, wie mir ein Freund in einem Anfall von Mitleid in eines der Bücher geschrieben hatte). Dort hieß es, daß sich Hunde gelegentlich gerne zurückziehen, Zeit für sich selber, Ruhe brauchten.

Nicht so Baffo.

Wenn er nicht damit beschäftigt war, seinen Kopf auf

meine Füße oder Knie zu legen, mit Katzen Revierkämpfe auszutragen, Geckos zu jagen (erfolglos), mir nasse Nasenstüber zu versetzen, mich Stöckchen werfen zu lassen (die er fast nie zurückbrachte, sondern in provokanter Langsamkeit, ja Gemessenheit in einer Nische oder unter einem Busch ablegte und, sich vergewissernd, daß ich zuschaute, dort ausgiebig bepinkelte), kurzum, wenn er nicht damit befaßt war, mich rundherum zu drangsalieren, ja zu terrorisieren, geschah es häufig, daß er einen regelrechten Rappel kriegte, Anfälle von Übermut und Unverschämtheit.

Er stahl sich einen Schuh oder eine Unterhose, raste damit wie ein wild gewordener Teufel im, ja: im Schweinsgalopp, fetzte mehrmals ums Haus, um seine mittlerweile arg ramponierte Beute dann stolz vor mich hinzulegen und, ganz Unschuld, mich vergnügt anzuhecheln. Manchmal sah seine Hechelschnauze wie ein Lachen aus – wer kann da schon schelten?

Noch ein Spiel, sein liebstes: Er trug zunächst den Bademantel, später leider auch Handtücher, Lappen oder mehr oder weniger ausgediente Hosen oder T-Shirts herbei. Ich griff danach, aber auf meine unmißverständliche Aufforderung hin, etwa *Aus, Aaauuus!* oder *Schluß!,* begann er zu zerren und dabei furchterregend zu knurren. Dieses Zerrspiel bereitete so manchem Stück Tuch in meinem Haus, sogar einem kleinen Teppich, den Garaus ...

Baffo hielt sich überhaupt für den Mittelpunkt der Welt und unterjochte mich hemmungslos. Aber weil er das so selbstverständlich tat und mir in der Rangordnung immerhin den unbestritten zweiten Platz ließ, wehrte ich mich nur schwach.

Nach und nach allerdings verstand er die Bedeutung bestimmter Wörter. *Sitz!* war solch eine magische Formel, sie funktionierte bald prächtig. Wo immer ich meine hundeerzieherischen Fähigkeiten beweisen mußte oder vorführen wollte, sprach ich das Zauberwort – und er setzte sich dann wirklich!
Die Bäckersfrau zum Beispiel konnte sich jedesmal nicht fassen vor Begeisterung: *Che bello, che bravo!* Manchmal fiel auch ein Keks für ihn ab.
Wenn Markt war, lagen noch größere Versuchungen »in der Luft«, Katzen streunten da herum, überall waren Kisten und Stände, die es sorgfältig zu markieren galt, und die Düfte von Käse- und Fleischangeboten, vor allem von frischem Brathuhn, *pollo allo spiedo,* brachten ihn zur Raserei oder ließen ihn in einer Art heiliger Haltung erstarren, der ganze Fratz ein einziges Gebet: Lieber Herr im Himmel, gib mir mehr als nur zu riechen, ein kleines, ja, nur 'n winziges bißchen zu schmecken . . .
Zwar gewöhnte Baffo sich bald an, bei Fuß zu gehen, aber nur, weil es ihm Spaß machte, neben mir herzutrotten. An *mercato*-Tagen klappte das nicht, zu groß die Versuchungen.
Anfangs ließ sich das Problem mit einem Stück Schnur lösen, bis mir dann Freunde ein ordentliches Halsband nebst Leine schenkten, ein richtiges Renommierhalsband, gut gemeint, aber scheußlich. Am liebsten lief er natürlich frei, und das sollte er auch!

Baffo entwickelte eine unübersehbare philosophische Ader, wenn ich das mal so ausdrücken darf. So, wenn er neben mir auf den Stufen saß, einfach vor sich hin zu schauen schien, oder wenn er sich zu mir ans Fenster stellte, seine mächtigen Patten auf dem Sims, und vom obersten Turmzimmer aus auf das Stückchen See glotzte, den Montebaldo und den wechselnden Wetterhimmel darüber; seine dicke Nase wackelte dann aufgeregt, als ob sie all das Unerklärliche da draußen sich genauer schildern lassen wollte.
Il baffo nannte ich ihn in solchen Augenblicken insgeheim, weil er da etwas Tiefes hatte, Würde ausstrahlte, etwas Majestätisches, Fremdes.
Häufig entrang sich dann seinem Körper ein Seufzen, fast ein Stöhnen oder Ächzen. Was mag in ihm dabei vorgegangen sein, war es das gemeinsame Glück oder sein einsames Naturwissen oder vielleicht sogar eine Vorahnung, Vortrauer über das jähe Ende dieser wunderbaren Freundschaft, einer wechselseitigen Gefolgschaftstreue, unserer unverbrüchlichen Bindung?
Manchmal entfleuchte, das muß ich schon zugeben, ihm in seiner hundeungewohnten Haltung am Fenster auch ein Pups, aber nicht irgend so einer, nein, ein deftiger, lauter Baffofurz. Wenn ich dann lachte, was ich später tunlich vermied, zog er beleidigt ab.

Diese zwei Baffojahre, die langen, kurzen zwei Jahre, sind leicht, sind schnell, nein, sie sind schwer zu erzählen. Wir gewöhnten uns rasch aneinander, vielleicht wurden wir sogar Teile, ja Teile: einer über uns

hinausweisenden Gemeinsamkeit, nicht die nur zweier Subjekte, die sich anfreunden.
Zwei Jahre sind vorüber – ist das viel oder wenig? Es fehlt ja ein Maßstab. Wie lange währt ein Leben, wer will das wissen? Vielleicht nur, bis es voll ist, prall voll.
Erinnerungsbilder, Szenen bleiben kurz stehen, dann rast das Zeitband wieder weiter, Augenblicke darin, wie Standfotos:

Ein Nachbar hatte mir einen alten Hundekorb überlassen, aus dem Baffo schnell herauswuchs, nie recht hineinpaßte. Dennoch, er liebte ihn sein Leben lang, auch wenn es mühsam war, ihn zu besteigen.
Es handelte sich überdies um einen Korb für besondere Gelegenheiten, etwa, wenn Baffo etwas ausgefressen hatte oder wenn er unbedingt Ruhe vor Erziehung oder sonstiger Ansprache suchte. Ich ließ ihm den Platz, taufte ihn »Alle-Mann-an-Deck«. Genau so sah es auch aus: Es fiel ihm nicht leicht, sich vollständig in den Korb hineinzuzwängen, meist lugten noch Bein oder Schwanz heraus, es mußte aber alles rein. Er ruckelte so lange in dem knarzenden Korb herum, bis es ihm gelang. Dann ein kurzer, prüfender Blick, immer wieder, auch noch nach Monaten, ob man ihn auch wirklich in Ruhe ließe. Schließlich zog er den Kopf ein, das letzte Fallreep zur Wirklichkeit.
Nach einer halben Stunde oder so wiederholte sich der Bewegungsablauf, nur diesmal in umgekehrter Reihenfolge. Beine und Rücken mußten gedehnt,

wieder gebrauchsfähig gemacht werden. Dann stand er vor mir, mit unbeugsamem, unwiderruflichem Willen, daß die Welt erneut voll und ganz ihm gehörte, mich inbegriffen, netterweise. Und sollte ich das einmal nicht merken, halfen rosazüngiges Hecheln und heftiges Wedeln der weißen Schwanzspitze, zur allerletzten Not ein nasser Nasenstüber: Auf, Alter, *action please,* jetzt wird etwas unternommen, und zwar ein bißchen plötzlich.
Oder: Der gedrungene Hundekörper, er schien dick und wollig. Wenn Baffo in den See sprang, um übermütig und immer wieder fordernd Steine aus dem Wasser zu tauchen – er wollte, daß ich ihm die dargebrachten Steine sogleich wieder hinauswarf, mochte sie aber auch nicht hergeben, und mußte es doch, denn das Wasser klatschte ihm das Fell über die Augen, er sah nichts mehr, taperte wie blind herum, stieß auch mal mit dem Kopf an, und mit dem Stein im Maul, den nur nicht abgeben, vermochte er sich nicht zu schütteln.
Wie er dann aussah! Der mächtige Pelz klebte an seinem Körper und ließ ihn dünn, hochbeinig und schmal erscheinen – ein ganz anderer Hund. Und ein Anblick, der mich jedesmal wieder zum Lachen reizte (was ihm ganz und gar nicht gefiel).

Danach das Ritual des Wälzens, zuerst wurde das Kinn auf dem Boden gerubbelt, der schmucke Bart sollte wohl als erstes wieder trocken sein, Vorderpfoten nach hinten abgeknickt, den Po hoch in die Luft, sprungbereit, und dann kam auch der Sprung, Anlauf zum Hinwerfen: die Seiten, der Rücken, er vor allem, der rosa und grau gesprenkelte Bauch, die vier Pfoten strampelten angestrengt in die Luft, die reinste Wonne, dann ausgiebiges Schütteln; der ganze Kerl war wieder in Ordnung. Wenn er die Wahl hatte, so wälzte er sich in einem Wiesenfleckchen mit Gänseblümchen oder bunten Blüten, er liebte das einfach.

Oder: Wenn *ich* Ruhe vor der Welt brauchte; ich zog mich dann gern in das oberste Eckchen des Turms zurück und betrachtete den meist diesigen See und die dramatischen Wolkengebirge, das heißt, ich schaute mehr in mich hinein.
Ziemlich pünktlich, morgens um halb zehn, wenn der heulende *sover* Bewegung in den Dunst brachte, oder nachmittags um halb sechs, wenn die *ora* nachließ und keine Segelboote mehr über den See treiben mochte, kreiste eine mächtige Gabelweihe am Himmel, gemächlich, fast wie in Zeitlupe, um sich dann pfeilschnell mit angelegten Flügeln herabsausen zu lassen: Wir freuten uns für sie, wenn sie einen Fisch oder eine Wasserschlange erwischte. »Schau, unser Freund«, sagte ich zu Baffo, der neben mir saß, den dicken Po auf den Fliesen, den Kopf hoch aufgerichtet und den Vogel aufmerksam verfolgend.
Kurzer Blick zu mir, ich weiß nicht, ob im Einverständnis der weltabgewandten Stimmung oder weil ihn meine Worte ärgerten. Gelegentlich stellte ich mir vor, wie wir beide von hinten aussehen mochten, wie zwei auf ihrem Hintern hockende Philosophen, in meditativer Suche nach dem Sinn der Welt, und muß-

te über dieses Bild unpassenderweise lachen. Dann zog er ab, legte sich in den Garten oder auf die Stufen vorm Haus. Wie kann man lachen, wenn zwei ernste Wesen zum Himmel aufschauen?
Oft dachte ich auch an Paula; was würde sie wohl sagen über meinen neuen Gefährten?

Bekannte aus Deutschland besuchten mich häufig, wirbelten das Haus und mein Seelenleben durcheinander und ließen mich nach drei, vier Tagen leer und ausgehöhlt zurück. Drei, vier Tage Klatsch, schöne und blöde Geschichten, die Vorfreude der anderen auf den Urlaub, oberflächliches Geschwätz, gemischt mit einigen ernsthafteren Gedanken, die meist im Wein ertranken, Katerstimmungen, die gewohnte Ordnung durch Koffer, Notbetten und allerorten zum Trocknen aufgehängte Handtücher gestört, Küchengeklapper, wo steht der Kaffee, wer besorgt heute Zeitungen und Brot, welche Semmeln magst du, fehlen noch Schinken und Milch?
Während solcher Überfälle ging Baffo in der Regel seiner Wege, es sei denn, Kinder waren mitgekommen, die hütete er wie Schäfchen, was, nach seiner ungefähren Rasse zu urteilen, auch sein eigentlicher Hundeberuf, seine Hundeberufung sein mochte. Er ruhte nicht, kläffte und jachterte so lange, bis alle in einer Runde saßen. Vielleicht wollte er die oft genug ungebetenen Gäste ja auch nur »aufräumen«, daß sie *seine* Kreise nicht allzu sehr störten, er sie an sicherem Ort wähnte, bei mir, am Tisch.
Wenn die Gästeflut dann nachließ, suchte er deutlich

meine Nähe, häufig half er mir, mein Gleichgewicht schneller wiederzugewinnen, indem er, den ganzen Tag nach lärmenden Abreisen, laut und vernehmlich, fast demonstrativ schniefte und stöhnte. Anzeichen eines Einvernehmens zwischen uns? Oder ächzte er *meines* seelischen Zustandes wegen?
Oft brachte er mich sofort wieder ganz zu mir selbst – durch deutliche Anfälle von Aufmüpfigkeit, indem er klare Verbote überschritt, sich zum Beispiel in mein Bett legte und aufmerksam auf meine Reaktion wartete.
So zog er mich in die zweisame Wirklichkeit zurück.
Allmählich fiel mir auf, daß wir auch von allen anderen als zweisam gesehen wurden, fast wie bei einer menschlichen Partnerschaft, und ich lehnte mich dagegen auf. Ging ich irgendwo allein hin, kam prompt die Frage: Wo hast du denn deinen Hund?
Schließlich konnte Baffo sich doch Kinder aus dem Dorf zum Spielen suchen, und ich mußte mich wirklich nicht in jeder Sekunde vergewissern, wo er war, das engte doch nur ein, und zwar ihn *und* mich. Was ging mich eine läufige Hündin an, auf deren Fährte er verschwand. Er kannte den Weg zum Haus und auch den Durchschlupf in der Mauer ...
Es kam vor, daß die Leute ihn mir brachten: »Er hat sich verlaufen, Sie müssen aber besser auf ihn aufpassen, *dottore.*« Dabei war er doch nur mal wieder auf einem seiner Streifzüge, immer der Nase nach ...
Die meisten wunderten sich, schienen eine Unord-

nung darin zu sehen, wenn wir, was selten geschah, nicht zusammen auftraten.
Aber war ich nicht selbst in Unordnung, weil Paula nicht mehr bei mir war? Und waren Paula und ich von den anderen nicht in der gleichen Weise zu einem Paar erklärt worden, noch ehe wir unser Paarsein gelebt hatten, waren wir so in eine erst zu lebende Partnerschaft regelrecht gepreßt worden? Lag dort unsere Enge?
Überhaupt: Dieses Dumpfe in Herz und Hirn, dieses Gemisch von Gefühlen, Vorfreude, Freude, die halbe Sorge, die noch beschwichtigt wird, niedergehalten werden kann, dann der Durchbruch, der Ausbruch der Sorge, das Küseln im Kopf, die Enge, die Weite, die Erlösung will.
Angst: Oft erschöpfte sich die doch in ärmlicher, erbärmlicher Verzagtheit, kein großes Gefühl. Anfangs dachte ich noch, ich würde Baffos wiederkehrende Paniken durch Liebe, Kraft überwinden können.
Seine Angst vor lauten Geräuschen, vor Donner und vor Zankgeschrei, legte sich nie, im Gegenteil, sie wurde schlimmer, nahm ihn und mich immer mehr mit. Etwa bei einem Feuerwerk am Hafen, als der Hund in Panik aus dem Haus stürzte; ich fand ihn auch nicht im Garten, vermutete, daß er in hilfloser Schutzsuche einfach davongeprescht war, seine Angst in Bewegung, in Flucht umzusetzen. Kein Rufen, kein Locken half. Ich entdeckte ihn erst spät: Er hatte sich unter das Auto geklemmt; eingezwängt lag es da, das große Tier, und vermochte sich nicht mehr selbst zu befreien.

Ich zerrte ihn unter dem Wagen hervor und trug den Bewegungsunfähigen auf meinen Armen ins Haus. Fressen lehnte er ab, er lag wie zum Sterben, lange, lange Zeit.
Manchmal zitterte er bereits, wenn ich ihm das Halsband umlegte, er wußte, er müßte hinaus in die angsterregende Welt, in der er zu gern herumtollen mochte und doch zugleich nicht konnte – der Wind, zum Beispiel, heulte zu laut um das Haus, ließ Bäume knarren, Zweige knacken, alles dies für ihn oft Vorboten drohenden Unheils.
Wenn mal ein Blitz in der Nähe einschlug, lag er, wie im Tremor erstarrt, ein oder zwei Stunden lang. Oder er stürzte blindwütig davon – Zustände, die ihn unberechenbar werden ließen. Was würde geschehen, wenn ... Ich mochte mir das nicht vorstellen.
Langes Gespräch mit Erik Zimen, dem Verhaltensforscher, spezialisiert auf Wölfe und Hunde. Was kann, was soll man tun? Es gibt doch »schußfeste« Hunde, und Baffo, in Panik, gefährdete sich und andere ...
Ein Gespräch ohne Hoffnung, ohne Aussicht. Ich würde, sagte Erik, daran nichts ändern können, das Seelenleben dieses Hundes sei durch den »Züchter«, den früheren Herrn oder ein Welpentrauma verkorkst; aller Erfahrung nach kämen sogar noch unberechenbarere Aggressionen hinzu. Nein, es helfe alles nichts, es gebe keine Chance, man müsse ihn, ich müsse ihn, kurz über lang, einschläfern, »ihm die Spritze geben«, ja.
Baffo! Für immer verdorben? Quatsch. Ich hatte ge-

nügend Kraft. *Ich* würde es schaffen! Ich las wieder Bücher, von Brunner zum Beispiel (»Der unverstandene Hund«), auch von Trumler, Lorenz, sogar Thomas Mann.
Aber auch da keine Hoffnung.
Ich muß ihm helfen! Ich werde damit fertig!
Und doch nagte die Angst.
Könnte ich es umgehen? Schließlich gewitterte es nicht jeden Tag, Feuerwerk gab es selten, und die Jagdsaison rund um den See müßte man meiden. Ich besaß doch Kraft, verdammich! Kraft genug für Baffo mit.

Das sagt sich so hin. Ja, es stimmte, mit Baffos Auftauchen in meinem Leben waren mir Flügel gewachsen (ha, wenn man wirklich auch Flügel hätte). Angst, das heißt einsam, allein sein, anders als Furcht. Furcht verbindet, kann zu *gemeinsamer* Panik werden, doch Angst? Sie ist tiefer. Wie das Weinen, auch das Weinen ist einsam. Nur das Heulen, das demonstrative – das verbindet, aber negativ.
Und doch hatten wir eine gemeinsame, durchaus nicht einsame Angst, Baffo und ich. Gut, da war seine Angst, und meine Angst vor seiner Angst, nein. Das war wieder nur Furcht. Wir besaßen, waren besessen von einer gemeinsamen Angst, ich weiß es, denn wir versuchten, daran zu arbeiten, er und ich.

Was entstanden in mir nur für Gefühle, darunter das einer leisen, schleichenden Verantwortung, womöglich Gewöhnung? Ich weiß es nicht.

Bei einem seiner Streifzüge den Berg hinan geriet Baffo eines Tages in das Hühnergehege eines Bauern, nicht daß er Hühner wirklich gebissen hätte, er muß das Gackern, das Durcheinanderlaufen der panischen Tiere, die fliegenden Federn – diese herrliche Aufregung – unsäglich genossen haben.
Der Bauer allerdings weniger. Der griff sich einen Knüppel und hieb ihn Baffo über den Rücken, wie er mir später erzählte, das mußte er doch einfach tun.
Anklagend hielt der Bauer einen toten Hahn, der wohl vor lauter Schreck gestorben sein mochte, in der Hand. Ich zahlte ihm zehntausend Lire, viertausend mehr, als so ein Gockel gebraten am Spieß kostete. Damit war dieser Fall erledigt, sogar zu des Bauern Zufriedenheit, denn den Mistkratzer nahm er natürlich mit.
Aber Baffo.
Er hatte etwas abbekommen, was, vermochte ich nicht zu sagen, mit dem Hinterlauf stimmte etwas nicht. Zwar konnte er sich nach Hause schleppen, doch schon den Mauerdurchschlupf schaffte er nicht mehr. Ein klarer Fall für den Tierarzt.
Ich brachte Baffo nach Salò hinunter. Doktor Zannini untersuchte ihn, ein Mann mit Hundehänden, Tierhänden! Eine Woche müßte Baffo zur Behandlung und Beobachtung schon dableiben, *forse.* Dieses *forse,* vielleicht, es bedeutet alles und nichts. Ich nahm mich zusammen.
»Mach, daß du gesund wirst«, sagte ich zu Baffo, und: »*Mach,* das ist 'ne ganz dolle Geschwindigkeit, weißt du.« Ich kraulte ihm burschikos den Kragen.

Der Hund ließ ein urweltentiefes Ächzen hören, begriff offenbar, ergab sich in sein Schicksal.

Der Weg zurück.
Kein Schniefen und Hecheln vom Rücksitz, keine nasse Nase im Nacken, merkwürdig. Es war am besten so.
Wirklich?
In Bogliaco stieg ich aus, ein Grappa mußte her. Dann noch einer im Hafen von Mugnaga; hier schon wieder die Fragen der anderen: Wo ist der große schöne Hund, *che bello,* ganz allein heute?
Mein Ärger wuchs mit meiner beginnenden Trunkenheit. Noch ein Grappa.
Bloß weg von hier, nach Hause. Diese Festlegungen machten mich krank.
Ich setzte mich an den Küchentisch, trank den *vino da tavola* von Bruno Franzosi, Prost Bruno, mit vielen Eiswürfeln im Glas, verzeih mir, Bruno, aber es kühlt. Trank Schluck für Schluck, es gelang mir nicht, die Wut über die Leute, die Sorge um Baffo und den Ärger über mich selber hinunterzuspülen.
Reichlich schwankend ging ich ins Bett, in einem Zustand, den Baffo überhaupt nicht mochte; war ich mal bedüdelt, wirkte er verstört, unruhig, irgend etwas mußte kaputt sein an seinem Herrn.
Am nächsten Morgen fiel mir wieder diese Veränderung auf: Keine Pfote, keine kalte Nase weckte mich, unterm Waschbecken war Baffos Lieblingsplatz leer, leer auch das ganze Haus.
Die Schuhe in der Ecke, ich ließ sie stehen, allein das

Geräusch, sie zu nehmen oder gar sie anzuziehen, vielleicht schon der Wille, mit den Schuhen etwas anzufangen, hätten unweigerlich zu auffordernden Freudentänzen geführt, mit Schuhen geht man eben hinaus, aber es war keiner da, der sich darüber hätte freuen können.

Ich ging schwimmen, dann, unruhig schon, zur Telefonzelle, den Tierarzt anzurufen. Nicht so schlimm, meinte der, ein paar Tage jedoch müßte der Hund schon noch dableiben.

Ein paar Tage.

Seltsame Tage. Das Haus blieb leer, etwas fehlte – Baffo! Aber so deutlich?

Ich setzte mich ins obere Turmzimmer, die Gabelweihe zog ihre Kreise, doch heute konnte ich mich an ihrem Flug nicht freuen. Ich fühlte mich zirrig, nervös, unzufrieden mit mir selbst.

Die Fragen der anderen nach Herr *und* Hund, Festlegungen, kamen also nicht nur von außen. Hatte Baffo dieses Haus und meine Seele schon so erobert, daß er, obwohl abwesend, darin herumgeistern konnte, und zwar gerade weil er *nicht* da war? So weit war es mit mir?

Die »paar Tage« vergingen, ich kam nicht zum Schreiben, dabei mußten schleunigst einige Artikel fertig werden. Ich lenkte mich mit dringend notwendigen Arbeiten im Garten ab, aber selbst im flatterigen, lichten Schatten des Olivenhains dachte ich nur daran, daß das einer der Lieblingsplätze von Baffo war.

Seine ständige Gegenwärtigkeit beunruhigte mich.

Anruf beim *dottore* – ich könne Baffo heute nachmittag abholen.
Endlich.
Baffo: Da stand er, hinten rechts leicht eingeknickt, seine dicke schwarze Nase vibrierte, als ob sie ihm bestätigen müßte, daß ich wirklich da war.
Er stand wie angewurzelt, hatte wohl nicht mehr daran geglaubt, daß ich ihn nach diesen endlosen »paar Tagen« wiederholen würde. Im nächsten Augenblick raste er wie ein Irrwisch im Kreis, um mich herum, verhielt dann plötzlich, legte mir links und rechts die Tappen auf die Schultern (ich hatte mich zu ihm hingekniet), zog mir rechts und links seine Zunge über die Ohren, sauste gleich darauf erneut im Galopp davon, um sofort wieder innezuhalten. Jetzt setzte er sich vor mich, streckte seine Nase, seine schwarze Nase vor, ganz sanft und innig, schubberte sie ausgiebig an meiner Nase, sacht und irgendwie konzentriert.
»Alter Eskimo«, sagte ich, Doktor Zanninis wegen etwas verlegen, zu ihm, »komm!«
Er sprang schwanzwedelnd auf. Nach Hause. Nach Hause. Er hinkte noch, aber das ging in den nächsten Wochen vorüber.
Im Dorf. Leichter Nieselregen. Selten für diese Jahreszeit.
Zeitungen sind schon eingesackelt, jetzt noch die Brötchen. Am Bäckerladen gab es ein neues Schild: *pane* (das stand schon immer da, aber neu, darunter:)

frische Brot. Das störte mich, signalisierte etwas, das Italiens nicht würdig war, denn am nördlichen See sah man bereits allenthalben Aushänge, *Hier gibt es deutscher Kaffee,* und nur allzu rasch folgten dann Ham- und Wendyburger oder gar *Wurstel con Krauti.*
Die Bäckersfrau geriet außer sich vor Freude, endlich, der Hund ist wieder da, *che bello, baffo, povero...* Solch Überschwang ließ auch Baffo durchdrehen, er stellte sich auf die Hinterbeine und sprang an der Frau hoch, an ihrer blütenweißen Schürze, ehe ich das verhindern konnte, leckte ihr gar übers Gesicht.
Ein Schrei, *no, no!* Es folgte ein Schwall von Wörtern, die ich nicht verstand.
Aber was soll sie schon gesagt haben, denn dicke schwarze Baffotappen zierten ihren weißbeschürzten Busen? Wir machten, daß wir davonkamen.
Die nächsten Tage, beschloß ich, würden wir unser Brot, nein, das *pane,* woanders kaufen.
Da setzte sich Baffo auf seinen dicken Hintern, schnupperte kurz in den Himmel, roch wohl die Nähe des Hauses, verharrte so einige Sekunden, dann öffnete er das Maul, schaute mich an, ich sah es durch seine Stirnfransen, besser: Ich ahnte es, und er hechelte, und es sah aus, als ob er lachte, der Clown, wirklich.

Lachs und Aufbruch

Bald kam der Herbst, man merkte es am Haus, der Wind heulte durch die undichten Fenster, und der Kamin, die einzige Heizquelle, gab nicht mehr genug Wärme. Ich würde, wir würden bald nach München zurück müssen, München, mein Gott, ich hatte es in diesem angefüllten halben Jahr in Mugnaga fast vergessen. Warum lasse ich mir nicht eine Heizung einbauen und bleibe für immer hier? Aber war ich denn bereit, die Lebens- und Berufskontakte so weit einzuschränken, brauchte ich nicht den Kontakt zu den Redaktionen?

Ach Quatsch: Das Leben eines Weltflüchtlings, eines Einsiedlerkrebses, gar eines Aussteigers – das ist nichts für dich, du träumst nur. Ein bequemer Schisser, ja, das bist du. Dabei lebst du doch gemächlich genug!

Abschiedsfest mit den Nachbarn und den Sommerfreunden aus dem Dorf. Die wenigen Touristen waren schon lange weg.

Es war mir gelungen, eine Lachsseite zu ergattern, der Fischhändler hatte sich beim Räuchern besondere

Mühe gegeben (denn er würde ja mitessen dürfen, im übrigen verstand er sein Handwerk ohnehin).
Lachs satt, viel Zitrone und Pfeffer (Meerrettich gab es hier nicht), dazu sogar Vollkornbrot, das man nur im *supermercato* in Maderno kaufen konnte, und, nach den vielen pappigen Brötchen, gierig verschlang.
Eine fröhliche Runde. Zunächst der Fischer Giovane; dann Tommáso vom Berg, er hockte viel bei uns, hieß eigentlich Thomas von irgendwas, Ex-Fabrikant, ein Düsseldorfer Aussteiger, der sich eine alte Mühle ausgebaut hatte und hier das ganze Jahr über lebte, sich selbst entdeckend; Faustino, der Maler, den eine Mailänder Principessa hier aushielt, ein verrückter Kerl und Trunkenbold, voll skurriler Geschichten und Wortspiele (er konnte und wollte, wie er sagte, die abendländischen Bildungsgüter im Anekdotischen ersticken); dann Luigi, der Eisenwarenhändler, bei dem man alles kaufen konnte, von der Espressotasse bis zum Gartenschlauch (sogar tiefgekühlte Fischköder hielt er bereit, Fliegenlarven, die sich in gräßliche Brummer verwandelten, wenn man die Dose zu lange in der Sonne stehen ließ); dann noch Paolo, der faule Pensionsinhaber, der, wenn es ihm zuviel Arbeit war, Touristen lieber verscheuchte; Arturo, der listige Zeitungs- und Andenkenverkäufer (verrechnete sich grundsätzlich zu seinen Gunsten); und Bäcker und Bäckerin, ja, sie auch, mit Baffo und mir versöhnt.
Sie alle halfen kräftig mit, die restlichen Weinvorräte leerzutrinken, denn die würden über den Winter

ohnehin nicht halten. Der schwere Lachs verhinderte allzu frühe Trunkenheiten.
Ein munteres Gebrabbel, deutsch, italienisch und englisch durcheinander, Worte gab es kaum zu verstehen, man verständigte sich auch so, weil man einander verstand, über den gemeinsam verbrachten Sommer, und sei es nur beim Lösen des Problems eines Fensterhakens oder anderer existentiell wichtiger Dinge, zum Beispiel, wer die Oliven erntet und wie man frische Kapern konserviert.
Ich mußte abfahren, mein vierbeiniger Gefährte mit mir. Wehmut machte sich in mir breit.
Ich hatte den Tisch, eigentlich schade um das derbe alte Holz, schön gedeckt, mit weißem Tuch und weißen Servietten, extra aufgehoben für diesen Tag. Nach dem ersten Ansturm auf den Lachs von Giovane gingen wir in den mittleren Stock, in jenen »noch unbestimmten Raum von Paula«, quatschten und tranken dort weiter, ließen unten alles so stehen, beim nächsten Appetit würde man einfach dort weiteressen.
Daß ich mich zu wenig um Baffo gekümmert hatte, merkte ich erst, als er die Treppe heraufsprang, mich wedelnd begrüßte und mir einen seiner Baffoküsse gab, unverhofft – der ganze Hund roch intensiv geräuchert, wie ein Lachs.
Böses ahnend stieg ich hinab, Baffo fröhlich hinterdrein. *Der* Fall war klar, der Lachs, noch eine halbe Seite, weg. »Baffo«, brauste ich auf, »du diebischer Schweineköter, vom Tisch, und dann noch meinen Lieblingslachs, das ist *neinneinneinneinnein!*«

Baffo zeigte sich wenig beeindruckt, er wedelte mich nur an, hechelte wieder mit seinem Lachgesicht, Lachsgesicht, fiel mir ein, gab mir dennoch Mühe, ernst zu bleiben. Er: entwaffnend, lieb, frech, sich selbstverständlich die Lefzen leckend. Was sollte ich da an Einwänden vorbringen, Abschiedsfeste gelten ja wohl nicht nur für Menschen.
Baffo kam ungestraft davon, und irgendwie hatte ich den Eindruck, daß er das schon ahnte, er setzte es einfach voraus. Keine Spur jedenfalls von schlechtem Gewissen, nur schmatzende Wollust. Wenn er sich den Bart leckte – *leccarsi i baffi,* schrien die Italiener von der Treppe herab, sie hatten mein Nein-Geplärr mitgekriegt und lachten höchst erziehungsfeindlich –, schmeckte er noch stundenlang Lachs, bewahrte den Lachsgeruch auf.

Meine schlappe Reaktion auf Baffos Diebstahl, noch dazu vom Tisch, meine »hundemäßig unverantwortliche Handlung beziehungsweise Unterlassung«, wie mir vorgehalten wurde, sollte Folgen haben. Auf gut deutsch: Ich hätte streng sein, ihn tadeln müssen, wenn nicht gar strafen. Aber ich war harmoniebedürftig, antiautoritär, lasch, hatte überdies Bammel vor Baffo als Darsteller einer beleidigten Leberwurst. Theatralisch – das konnte schon mal Stunden anhalten ...
Und auch die Situation war nicht danach: Ein Abschiedsfest, fröhliches Lachen, besonders, als die anderen begriffen hatten, was geschehen war; und ich dann als Spielverderber? Dazu Baffos Miene, seine

Körpersprache, ein sattes Unschuldslamm nach dem Motto: Was ist eigentlich los. Er stiehlt zwar, aber er bettelt nicht, so ein Hund, dachte ich.

Alter Lachsbart! *baffo salmone.*

Ach ja, die Folgen, sie lassen sich am besten vielleicht mit dem Wort »Augen-Kriege« bezeichnen, die wir ausfochten.

Das ging so.

Crosan: das leckere Hörnchen zum Frühstück, Baffo schnupperte sehnsüchtig zum Tisch hinauf. Blick zu mir. Blick zurück. Ich möchte sooo gern. Du darfst aber nicht.

Nach ein paar Minuten das gleiche Spiel, dann trottete Baffo davon, ächzend, der ganze Hund ein einziger Vorwurf: Menschen haben es gut, die essen *crosans,* und arme, geschundene und ungerecht behandelte Kreaturen wie ich kriegen mal wieder nix.

Wehe, ich konnte so einen Augenkrieg einmal nicht bis zu Ende führen, abgelenkt durch den Postboten oder irgendwas. Dann war das wohlriechende *crosan* endgültig dahin – wohin? Ein Blick auf den Tisch, Teller leer, ein Blick zu Baffo, fragend durchaus, vielleicht ein wenig zu inquisitorisch. Kein Blick zurück, nur eine Körperhaltung: Baffo sitzt, aufmerksam, hat er was gemerkt, der Mensch, ach, bestimmt nicht, was ist überhaupt, ich weiß gar nicht, was hier vorgeht. Doch zwei Bewegungen verrieten ihn: ganz hinten – das kleine Schwanzfähnchen wackelte leicht. Ganz vorn – die Schmatzlecker, links den Bart und rechts den Bart, hach, hat das gut geschmeckt. Dazwischen: die reinste Unschuld . . .

Ich muß gestehen, daß ich ihn manchmal direkt in Versuchung geführt habe.
Beruhigt war ich, als ich in Ulrich Klevers klugem Hundebuch las, daß man Hunde als Diebe nur bestrafen darf, wenn man sie in flagranti ertappt, und außerdem: Man solle lieber loben (das hielt ich denn auch immer den ungefragten Ratschlägen lieber Freunde entgegen, offenbar alle die besten Hundepädagogen – bei ihren Kindern haperte es dagegen oft).
So führte ich denn lieber meine Augenkriege mit Baffo: kleine Zwiegespräche: »Ich weiß, was du willst, ich seh's dir nicht nur an der Nasenspitze an.« Und Baffos Antwort: Ich bin, also will ich, also soll ich, warum läßt du mich nicht?
Ja, unser Zusammenleben besaß existentialistische Dimensionen, zuweilen, seine! Der große Hundephilosoph: Sein und Zeit und Wesen ist alles Nase und Maul, und das Herz, das bin ich, alles klar?
Alles klar.
Ich will noch hinzufügen, daß die Kämpfe ums *crosan* in einem Fall immer zu Baffos Gunsten ausgingen: Wenn das lecker duftende Ding auf einem Teewagen lag oder auf einem Hocker, jedenfalls in Schnappmaulhöhe, da er mit einer unbeugsamen Selbstverständlichkeit das in solcher Reichweite abgelegte *crosan* ganz selbstverständlich für seines erklärte.
Die Versuchung, der Widerstreit zwischen Hund und innerem Schwein, zwischen Pflicht und Aneignung, all das begann erst in Eßtischhöhe.

In das Abschiedsfest platzte noch Giorgio der Einzelgänger, eigentlich hieß er Georg. Er mußte am nächsten Tag in die Toskana, seine Familie machte dort ohne ihn Urlaub. So konnte er ungestört seinen architektonischen Visionen – und dem Wein dieser Gegend hier – nachhängen. Er wollte nun seine Frau, die Kinder und deren Freunde »heimholen«, nach München. Er überredete mich mitzukommen.
Mir schien das ein Aufschub zu sein, jedenfalls willigte ich schließlich ein, ihn zu begleiten.
Am nächsten Tag: Einpacken, sogar die Schmutzwäsche mußte mit, Aufbruch. Baffo wieselte um mich herum, witterte Neues, vielleicht sogar Abenteuer.
Meine Stimmung war eigentlich auf München eingerichtet, und nun brausten wir, Giorgio vorneweg, nach Süden. Galgenfrist. Was würde kommen?
Verrückt eigentlich die lange Fahrt in die falsche Richtung. Wie würde es in München aussehen, wie würde es mit Baffo gehen, würde die Stadt ihm – oder mir – nicht aufs Gemüt schlagen?
Spätestens hinter Florenz, Ausfahrt Brannini, war München vollkommen vergessen, fern, unwirklich. Wir tauchten tief in die Leonardo-Landschaften ein, auch hier lastete der Himmel diesig, schweflig, staubiggelb, herbstlich, ja, es war Herbst, unübersehbar.
Baffo mochte so lange Fahrten nicht, ich auch nicht, denn er kotzte die Rücksitze voll. Was mich versöhnte: Tapfer fraß er alles wieder auf, würgte wieder, fraß wieder, verschämt, peinlich berührt, abermals tapfer.

Vielleicht kam es durch Angst vor der Ungewißheit meiner eigenen Stimmung, aus Aufregung, denn später fuhr er ausgesprochen gern Auto; wenn wir etwas gemeinsam *planten,* war alles gut. Womöglich hatte ich ihm die seltsame Reise also nur zu wenig erklärt. (Ach Unsinn... Vielleicht wußte ich selber nicht, was der ganze Umweg sollte, und *meine* Unsicherheit drehte ihm den Magen um?)
Während der Fahrt fiel mir noch etwas auf: Baffo war musikalisch. Das heißt, ich merkte das nicht sofort. Ich hatte das Autoradio voll aufgedreht, Baffo schien das nicht zu stören, er muckste sich nicht, nur bei bestimmten Tönen regte er sich auf, bei Klavier- und Celliklängen oder Glockengeläute.
Natürlich, warum hatte ich das nicht eher bemerkt! Schon am zweiten Tag in Mugnaga hatte er sirenenartig geheult. Ich hatte das erst anders interpretiert, aber dieses Heulen wiederholte sich, wann immer die Kirchenglocken läuteten. Je nachdem, wie fern oder nah die Glocken klangen, ließ Baffo ein Jaulmaunzen, ein kehliges Bellweinen oder, vor allem bei Dunkelheit, eine Art Urheulen vernehmen. Oft hatte ich den Eindruck, daß er nur fröhlich mitsingen wollte, zuweilen mischte sich in sein Heulen etwas Fremdes, Fernes, ja Unheimliches, Wölfisches, eine traurige Melodie zwischen Angst und Sehnsucht, unendlicher Sehnsucht, und dennoch wirkte er dabei unbeschwert, fröhlich.
Später, in der Stadt, bestätigte sich, was ich damals nur ahnte.
Wenn ich Klavier spielte – mochte Baffo sich im ent-

ferntesten Winkel des Hauses aufhalten: Er kam gelaufen, schwanzwedelnd, aufgedreht, und er sang mit, wirklich, er sang.
Ich sagte ja, er war musikalisch. Auch wenn es übertrieben klingt: Er begleitete regelrecht das Klavier, mit einer unbeholfenen Art von Tonleiterbellmaunzjaulen, ein ganz und gar unaggressives, eher spielerisch forderndes Schreijauzeln, ich weiß nicht, wie ich es beschreiben soll.
Jedenfalls gab es damit Probleme, denn die Nachbarn fühlten sich gestört. Nur Baffos Reaktion auf Glokkenklingklang akzeptierten sie, wenn es nicht zu oft geschah.
Einer sagte zu Baffo: »Schön hast du geheult, bist wohl doch ein Wolf.« Mir schien diese Bemerkung irgendwie falsch, wie eine neugierige, fast geile Angst, so ein Wolf... Zwielichtige Reaktion vieler Menschen auf einen großen Hund, in dem der Wolf ängstlich-begierig gesucht und zugleich abgelehnt wird.
Ich bemerkte das oft: Wenn Baffo einem anderen Rüden zeigen mußte, wer der Stärkere war, kam bei den Menschen meist die andere Seite dieser gleichen Ahnung heraus: Ihr Hund ist ja aggressiv. Empörung und Ablehnung.
Dabei war er gar nicht aggressiv, er rempelte nur, wenn es unbedingt sein mußte, und dann auch nur nach feststehenden Regeln, Spielregeln, Verhaltensregeln eben, unverstellt, geradeheraus. Der Schwächere mußte sich in Demutshaltung begeben oder anders demonstrieren, daß er nicht mehr streiten mochte. Baffo biß nicht einmal, das hatte er, seiner schwe-

ren Tappen wegen, gar nicht nötig. Nach einer Anstandspause konnte dann gemeinsam gespielt werden. Genau kam ich nie dahinter, meist hing es mit Weibchen zusammen, die er für sich wollte, aber durch Konkurrenten streitig gemacht sah.

Baffo, der freundliche Baffo, mußte oft genug erfahren, daß größere, stärkere, entschlossenere Hunde, selbst wenn er sie durch Rückenlagen begütigte, einfach weiterbissen, hemmungslos, ohne Regeln, wie losgelassen . . .

Teresa Wakwak

Abfahrt Brannini also, kurz hinter Florenz, über holperige Feldwege, Giorgio vor uns ließ eine gewaltige Staubfahne hinter sich, über uns . . . Eine halbe Stunde ging das so, dann endlich: ein kleiner See, hundert, zweihundert Meter noch ins Tal.
Baffo legte die Vorderpfoten über den Beifahrersitz, ja, genug jetzt.
Aussteigen. Begrüßen. Giorgios Familie. Und Freunde. Und Kinder. Mein Gott, so viele Kinder.
»Schön, daß du da bist.«
»Wo ist Paula.«
»Wen hast du denn da mitgebracht?« (Als ob man das nicht sehen könnte.)
Mühsam. Was sollte ich hier.
Baffo sauste zum See, soff, soff und kühlte sich den Bauch. Dann trollte er sich mit den begeisterten Kindern.
Ein, zwei dieser Toskana-Tage, Sonne, Reden, Weintrinken, nachts wird es schon kalt, Sonne, Weintrinken, Reden, dies und das.
Es hatte sich als klug – als berechnend, schlau, wei-

se?–, jedenfalls als giorgiogenial herausgestellt, daß er mich überredete, mit hierher zu fahren. Allein hätte er den Rücktransport aller nicht bewältigt: Die ganze »Reisegesellschaft« bestand immerhin aus dreizehn Personen – mein Auto als drittes mußte schon frühzeitig mit eingeplant worden sein . . .
Nach zwei letztlich doch wunderschönen, friedlichen Tagen, voll Kinderlärmen und Familienchaos, ich war dem so sehr entwöhnt, stand endgültig fest: Wir würden, wir müßten nach Deutschland fahren. Nicht nur die kühlen Nächte vertrieben uns, auch das herbstliche kalte Licht. Und die Pflichten, Kinderpflichten. Die Ferien endgültig vorüber . . .

Giorgios Kinder, Tobi und Anna, beide so um die vierzehn, hatten »ein Geheim«, wie sie es nannten, und sie weihten mich ein, wohl, weil sie fanden, daß Baffo mich irgendwie glaubwürdiger, vertrauenswürdiger machte als die anderen Erwachsenen.
Ein Entenpaar war eingefallen, das sich recht zutraulich herumbewegte und sich, zur Freude der Kinder, sogar von ihnen füttern ließ.
Doch der Erpel – »der Enterich ist einfach verschwunden«, sagten sie – ward eines Tages vermißt, Anna und Tobi vermuteten, daß er im Bratrohr des Nachbarn, eines Bauern, gelandet war. Die beiden hatten, ganz Detektive, allerlei Indizien dafür zusammengetragen.
Wie immer, eines schien klar: Die Ente mußte vor derlei tödlichen Übergriffen gerettet werden, sollte mit nach München. Sie baten und bettelten, ließen

Zweifel, Skepsis und Gründe nicht gelten, hatten überdies schon einen Pappkarton mit Luftlöchern vorbereitet. Sie schlugen mich schließlich breit: schilderten mir anschaulich die zu erwartenden Reaktionen der Eltern, die Kräche, Strafgerichte, Verbote und das bedauernswerte Schicksal dieser Ente; und sie erlegten mir strengstes Stillschweigen auf.

Ein schlagendes Argument, vor allem, benutzten sie, raffiniert: Bevor sie meine Festung stürmten, hatten sie Baffo bereits zu ihrem Kumpan gemacht, ich weiß nicht, wie: Federvieh liebte Baffo zwar sehr, aber auf seine Art. Ich glaube nicht, daß er einen Unterschied zwischen Enten und Hühnern machte, vielleicht beflügelte ihn hier im wahrsten Sinne des Wortes die schmerzhafte, schmerzliche Erfahrung, die er im Hühnerstall in Mugnaga gemacht hatte. Wie dem auch sei, er benahm sich seltsam, freundlich, würdevoll, fast fürsorglich gegenüber der Entendame, besser: der Entensignora.

Triumphierend führten die Kinder mir das vor. Baffo ging spazieren, neben ihm die Ente, beide bewegten sich in einer Art Paßgang, sie auf zwei, er auf vier Füßen. Baffo als Entensitter? Kaum zu glauben, aber ich sah's: Fehlte nur noch eine Leine, und die Kitschpostkarte wäre fertig gewesen.

Ich ließ mich also ein auf die Heimlichkeiten der Kinder, dachte mir gar selbst Tricks aus, wie ich als letzter abfahren könnte. Anna und Tobi überredeten ihre Eltern, bestanden darauf, mit mir und vor allem Baffo fahren zu wollen, daran ließen sie keinen Zweifel.

Dann die Abfahrt. Das erste Auto war schon fort. Giorgio fand, daß ich trödelte.
»Alle Mann an Deck«, schrie er (ja, tatsächlich, das sagte er, »Alle Mann an Deck«) und fuchtelte mit den Armen, drückte auf die Hupe und trieb uns an.
»Fahrt ruhig schon«, log ich, »ich muß noch den Ölstand prüfen.« Und wurde dabei puterrot – und das wegen einer Ente!
Endlich: Ungeduldig fuhren die anderen ab. »Im Pavesi, gleich hinter Rovereto, treffen wir uns!«
Das würde also eine ziemliche Ochsentour, Ententour, werden, viele Autobahnstunden am Stück standen uns bevor, wir mußten uns beeilen.
Die Kinder waren einfach perfekt, die Ente hatten sie schon in den Karton gesteckt, es konnte losgehen.
Ich fuhr ziemlich schnell und konzentriert, Anna und Tobi plapperten aufgeregt miteinander, sie spielten und sangen, Baffo hechelte, sang mit, zuweilen quakte sogar die Ente vergnügt, in ihrem Kasten. Einhellig wir alle, harmonisch, nett.
Die anderen hatten wir verpaßt, nun machten wir Station, wo wir wollten, und ich mußte über die Mengen Cola staunen, die Kinder verdrücken können.
Als ich die ersten Schilder »Brennero« sah und die Kinder gerade bat, mir die Pässe zu geben, wurde mir schlagartig klar, auf was für ein Abenteuer ich mich da eingelassen hatte. Der Hund! *Er* hatte ja keine Papiere, Impfzeugnisse und was dergleichen wohl verlangt würde.
Das Entenproblem, hatte ich gedacht, würde ich meistern. Mir war außerdem aufgefallen, daß Hund und

Ente sich immer rührten, wenn wir anhielten: Baffo setzte sich dann auf, hechelte und saß als deutlich sichtbare Person auf der hinteren Bank.
Im Rückspiegel sah das so aus: Tobi, sommersprossige Nase, Igelhaarschnitt, grinsend; Anna, langes dunkles Haar, mit ihren vierzehn eine kleine freche Schönheit, Augen, die mich an Paula erinnerten, batzblau, und dazwischen Baffo: schwarze Nase, weißer Bart rundherumgestrubbelt, rosa Zunge, der ganze Kopf so groß wie der der Kinder, drei merkwürdige Mitfahrer. Und dazu noch die Ente – sie schnatterte ihr Wakwak, waakwakwak.
Zaghaft fuhr ich auf die Grenze zu, aber zunächst kam die Mautstation – Gelegenheit für eine erste »Gefechtsübung«.
Anhalten, *biglietto* und Geld rausreichen, aufs Wechselgeld warten.
»Baffo, Platz!« Ich versuchte es mal mit Strenge, aber es klappte nicht. Er guckte mich irritiert an, ließ sogar eins seiner Augen durchs Haar blitzen, um mir unmißverständlich klarzumachen, daß er solchen Ton nicht schätzte.
Dann die erste Grenze, die Italiener winkten uns durch.
Die österreichische Grenze. Ich drehte mich zu Baffo um: »Mensch, Knatzel, du Unglückswurzel, leg dich hin, jetzt geht's um die Wurst!«
Irgendwie begriff Baffo das, jedenfalls legte er seinen Kopf auf Annas Schoß, sie kraulte ihm die Ohren und redete auf ihn ein, ich glaube, sie sagte nur das Einmaleins auf, aber einerlei, es half.

Doch nun begann die Ente zu keckern. Geistesgegenwärtig schmetterten die Kinder laute Lieder: Hoch auf dem gelben Wahagen. Und der Haifisch, der hat Zähne. Das kann doch einen Seemann nicht erschütttern, keine Angst, keine Angst, Rosmarie... und dergleichen Schreigesänge mehr.
Mir troff der Schweiß übers Gesicht und den Rücken hinunter.
Der Grenzer beugte sich zu mir, ich wedelte mit den Pässen und zeigte ein angespanntes Drohlächeln. Der sagte aber nur: »Noooh, weiters a fröhliche Hähmfoart, Ihnen und den braven Kindern.« Ein Satz, als ob der Mann mich wabbelig getätschelt hätte.
Egal, Gas geben, durchatmen, geschafft.
Nun die letzte Hürde. Die Österreicher an der deutschen Grenze winkten uns wieder durch. Wir fühlten uns mittlerweile als gut eingespieltes Team.
Der deutsche Grenzbeamte schaute sich die Pässe an, über Baffo hatten die Kinder einen Pullover geworfen. Anna hielt ihn fest am Nacken, und Baffo begriff.
Die Kinder sangen jetzt allerdings ziemlich stockend, wahrscheinlich saß auch ihnen die Angst im Nakken.
Ich schwitzte heftiger.
Da, ein deutliches Entengeschnatter im Auto. Der Beamte blickte stirnrunzelnd von den Pässen auf, sah mich an, ich fürchtete, er müßte schon bei meinem Anblick erkennen, daß etwas nicht stimmte.
Dann Tobi...
Er machte plötzlich Geräusche wie Enten, wie Gok-

kel, Pferdewiehern, Froschquaken, alles mögliche, er faßte links und rechts seine Backen, zischelte wie Gänse, blökte und prustete und führte sich überhaupt köstlich-merkwürdig auf, überdröhnte die Ente.
»Heiß, was?« sagte der Beamte gequetscht, »na dann.« Er gab mir die Pässe, ich schrie ein überlautes Juchhui – und ab die Post.
Der Grenzpolizist starrte uns entgeistert nach. Baffo fuhr hoch und sah durch das Rückfenster dem kleiner und kleiner werdenden Mann hinterher.
Wir jubelten, lärmten, machten ausgiebig Pause, hüpften ums Auto herum, pinkelten uns tüchtig aus, aßen und tranken. Dann ging es weiter.
Ortseingang München, nach knapp zwei Stunden. »Das hätten wir geschafft«, sagte Tobi sachlich. »Jetzt gibt es nur noch ein klitzekleines Problemchen. Also, unseren Eltern dürfen wir mit der Ente nicht kommen.«
Aha. Ich fühlte, daß ich wieder mal als Opfer auserkoren war; kaum hatte ich die eine Heldentat vollbracht, wurde mir die nächste abverlangt. Aber das war nicht redlich! Tobi und Anna waren die Helden.
»Ich höre«, sagte ich resignierend.
Der Fall war klar, der Plan schon längst geschmiedet, unausweichlich. Ich hatte in München einen kleinen Garten, am nächsten Tag würden sie die Ente abholen und zum Kleinhesseloher See bringen; bis dahin sollte sie bei mir »geparkt« werden.
So beschlossen (von Anna und Tobi), so getan (von mir, dem Überrumpelten).

Die Kinder nahmen mir noch das große Indianerehrenwort ab, daß die Ente auch ja nicht wegliefe oder vielmehr wegflöge. Aha. Auch der Garten war also nur ein Vorwand.
Ich wollte Anna und Tobi zu Hause absetzen, aber Giorgio und die anderen waren noch nicht da. So fuhren wir gemeinsam zu mir, die Kinder konnten auf die Ente aufpassen, ich war, zumindest ein wenig, erleichtert.

Das kleine Haus in München, verwunschen, ein Hexenhaus, eigentlich. Das Gras stand bald einen halben Meter hoch, Unkraut wucherte überall.
Baffo roch sich erstmal um, erschnüffelte sich jedes Eckchen, ahnte wohl, daß wir eine Weile hier leben würden.
Anruf von Giorgio, ja, alles gut, ich bring euch die Kinder morgen, *ciao*.
Anna und Tobi verzogen sich mit der Ente ins obere Stockwerk, rollten sich unter Decken. Das heißt, die Ente natürlich nicht, im Gegenteil. Die watschelte indigniert herum und schiß sich gewaltig aus, als ob sie das nicht im Karton hätte tun können . . .
Für Baffo fand ich ein paar trockene Zwiebäcke, ich muß ihn besser versorgen, dachte ich, versorgen? Warum eigentlich, das ging doch auch so, *molto improvvisato,* glaubte ich müde, ich muß darüber nachdenken, aber nicht jetzt. Das Haus . . . Der faule Sommer in Mugnaga, der Winter hier, überall blieb alles liegen, auch das Problem müßte gelöst werden. Daß Paula mich verlassen hatte, machte die Sache

nicht gerade leichter. Egal jetzt. Langsam fiel die Anspannung von mir ab, Vergnügtheit machte sich breit.
Gut, da gab es das Problem mit Baffo, neu in der Stadt. Das Häuschen, es starrte vor Dreck, Staub und Spinnenweben, die Post würde ich mir morgen holen müssen, Rechnungen über Rechnungen sicherlich, so wie jedes Jahr, und beunruhigende Bankauszüge, Reklame, sinnlose Briefe, egal doch, egal, *domani*. Ich versuchte mir einen »Rest von Italien« zu bewahren.
Baffo legte sich vor mich hin: Pfoten vorneweg, den Kopf dazwischen, nur in die Augen ließ er sich wieder mal nicht blicken. Er hatte das Haus inspiziert, »Nun mehr sehen wollen«, besagte seine Körpersprache.
Die Kinder oben schliefen offenbar, und ich drehte mit Baffo eine kleine Runde im Park, ums Karree, er markierte die ganze Gegend – Baffo ist hier, hieß das –, vor allem Autoreifen, Litfaßsäulen und andere markante Stellen veranlaßten ihn, das Bein ausgiebig, manchmal sogar links und dann nochmal rechts, zu heben. Ausgelassen sprang er herum, pinkelte, schaute, raste im Kreis, drehte sich nach mir um, pinkelte wieder und schnüffelte in die Luft. Alles zusammengenommen bedeutete das wohl: Das alles hier gehört mir, und du gehörst mir auch.

Am nächsten Morgen, rührend: Anna und Tobi hatten ein riesiges Frühstück eingekauft: Semmeln, Kuchen, Butter, Milch, Cornflakes, Marmelade, Kaffee

(deutschen Kaffee – schmeckte direkt mal wieder), sogar Schinken gab's und die Tageszeitung, einfach perfekt, und sogar ein Zettel lag noch da: »Sind einkaufen mit Baffo, Ente oben eingesperrt.«
Bei der Gelegenheit hatten sie den Hund schon im Viertel bekannt gemacht, die Metzgersfrau hatte Baffo überdies reichlichst gefüttert und mit Vorräten versehen. »Ah, der Doktor hat einen Hund, mei, is des nett.« Anna und Tobi berichteten.
Langsam wurde ich wach, nach dem Frühstück wich die Dumpfheit. Die Zeitung ließ ich lieber liegen.
»Also, Kollegen«, begann ich bei der ersten Morgenzigarette, »was tun, spricht Potz.«
Mit einem ganz ernsthaften Gesichtchen antwortete Anna, rechten Zeigefinger erst am Daumen, dann am Zeigefinger, dann am Mittelfinger der linken Hand: »Erstens Ente versorgen« (sie sagte wirklich versorgen), »zweitens nach Hause bringen, und, äh, drittens Abschied feiern. Du warst ganz nett, nämlich.«
Tobi nickte dazu, als ob sie es einstudiert hätten. Das war ein klares Programm – mit einem herzbumpernd schönen Schluß.
Der erste Programmpunkt war gar nicht so leicht abzuhaken, aber gelang. Umstellt von Omis und Tanten mit Kinderwagen am Kleinhesseloher See, setzten wir – Anna hatte beinahe Tränen in den Augen – die Entensignora aus.
Trotz unseres von allgemeinem Kopfschütteln begleiteten »Ciao, bella, tanti auguri« und dergleichen Quatsch mehr, watschelte sie mehrfach hinter uns

her, statt sich in die übrige Entenschar einzugemeinden.

Baffo, ja Baffo war es, der schließlich alles klärte, ich weiß auch nicht, wie er das kapiert hatte. Er streckte die Patten, seine dicken Patten, beide, zur Ente, den Hintern hoch in die Luft, darüber der wedelnde Schwanz – eine seltsame Verbeugung das Ganze –, und ließ ein lautes, helles *Wuwuwuwúh* vernehmen, die Leute ringsum bekamen schon Angst um die Ente.

Die verstand aber offenbar, anders kann ich mir das nicht erklären. Vielleicht redete er in einer Art Entensprache zu ihr, warum sollte das nicht möglich sein? Wie aber hatte Baffo *uns* und unser Problem verstanden, hatte er überhaupt?

Hauptsache die Ente, sie watschelte jetzt bedächtig Richtung Wasser. Plumps, pitsch, wakwak. Sie war in Gesellschaft, unter ihresgleichen, paddelte aufgeregt mit ihren orangenen Beinchen, wirbelte mit dem Bürzel.

Wir starrten ihr nach, Baffo wedelnd, aufmerksam, Kopf links, rechts, schief hingewackelt.

Ich fand, daß alle Enten irgendwie gleich aussehen, aber Anna und Tobi erklärten mir genau ihre Zeichnung, da oben ein heller Strich, dann die zwei Flekken links und rechts über den Flügeln, dann eine braune Unregelmäßigkeit hinten. Ich sagte jaja, aber ich sah es nicht. »Ci vediamo«, sagte Anna ernst und gefaßt, und Tobi fügte hinzu: »Wir besuchen dich jeden Tag!«

Ich wandte mich rasch ab und schluckte. Ein aus-

gewachsener Mann, der heulte, das fehlte noch gerade.
Schweigend stapften wir zum Auto.
Wir holten das Gepäck der Kinder, und ich brachte sie nach Hause. Ich gab mir einen Ruck, legte mir Erklärungen zurecht – all die Heimlichkeiten müßten wohl gebeichtet werden . . .
Das erwies sich, Gott sei Dank, als überflüssig. Anna und Tobi quasselten ihre Eltern einfach nieder, in der Wiedersehensfreude ließ sich das gut unterbringen. Ich staunte, wie beredt die beiden waren, wie geschickt.
Ingrid, die Mutter, die große Selbstverwirklicherin, wie sie im Freundeskreis spöttisch hieß, fand alles toll, abenteuerlich, irre spontan, lustig und schön.
Giorgio schwieg. Vielleicht hätte *er* das alles gern mit seinen Kindern erlebt?
Punkt drei der Tagesordnung: feiern. Ich schlug vor, das am nächsten Sonntag am Kleinhesseloher See zu tun, zehn Uhr.

Anna und Tobi erschienen pünktlich, die Räder beladen mit Tüten voll alter Semmeln, Baffo bekam auch ein Stück ab.
Also erstmal Ente . . . Die tummelte sich auf dem See, als ob sie da schon immer hingehörte. Die Kinder schrien: »Teresa!« So hatten sie sie getauft, und Baffo kläffte wie verrückt, murzte und jieperte, Teresita . . .
Teresa kümmerte sich jedoch nicht um uns. Was hatten wir uns vorgestellt?

Wir aßen dann ein großes Eis miteinander, trauerten dem italienischen *gelato* nach. Die Kinder bezahlten (»Ehrensache«, darauf bestanden sie), und dann gingen wir unserer Wege, zufrieden und traurig zugleich.

Sicher eine Projektion, aber irgendwie schien mir, daß in Baffo so etwas wie eine Ahnung aufstieg, wie Kinder sind, was Kinder sind, diese Unängstlichkeit, Unmittelbarkeit, dieses selbstverständliche Nehmen und Geben, einfach dasein, diese unverstellten Beziehungen.

Ach, die Gören, dachte ich zärtlich.

»Baffo, komm, Pflichten rufen.« Aber Baffo rührte sich nicht vom Fleck, saß einfach da, blickte, roch, sehnte den Kindern hinterdrein, bis sie davongeradelt waren.

»Auf, Baffo, packen wir irgendwie unser komisches Leben an!«

Ich muß noch etwas nachtragen – oder vortragen.

Im Frühjahr luden mich Anna und Tobi wieder ins »Seehaus« am Kleinhesseloher See, verschworen, verschwiegen, geheimnisvoll.

Mit blitzenden Augen zeigten sie mir Teresa, mit Jungen, fünf an der Zahl, und erklärten mir genau die Zeichnungen der Alten und der Kleinen. Ich glaubte ihnen, einfach weil es schön war und die beiden so ernste Mienen machten, trotz aller Freude. Teresa, Teresita, hatte also eine Familie gegründet. Na schön, von mir aus . . .

Erstmal stand mir der Winter bevor, der Winter in

München. Ich wußte noch nicht, was Baffo dabei in meinem Leben bedeuten würde, könnte, sollte.
Und der trottete neben mir her, Schwanz nicht hoch, nicht runter, mal abwarten, hieß das wohl, mal abwarten. Packen wir also unser Leben irgendwie an, Baffo!

Die Welt gehört wieder uns

Unser Leben, das hieß doch immer mein Leben.
Besitzanzeigende Fürwörter, rekapitulierte ich, ich, meiner, mir, mich.
Baffo, Baffo, wir sind *wir.*
Als ich dieses Neue entdeckte, freute ich mich, fühlte mich leicht, aber ich hatte auch Angst.
Ach, meine ganzen ungelösten Probleme.
Verdammte Stadt. Flucht? Wohin?
Tat twam asî – das bist du selbst, alles, ja, ja, ein friedliches Wort aus den Upanishaden: Die vielfältige Welt ist in dir selbst, ruft Uddālaka seinem Sohn zu, nimm hin, laß los – aber wie?
Helmut fiel mir ein, einer der wenigen wirklichen Freunde, wie lange hatte ich ihn nicht gesehen, und ein Gespräch mit diesem klugen Mann hatte mir noch immer die Augen geöffnet, ein wenig.
In der Einsamkeit Mugnagas mal wieder nicht schlauer geworden, so lautete die Selbstdiagnose, kein Stück. »Kein Tück«, hätte Paula gesagt.
Ich würde mich um einiges kümmern müssen, ach, kümmern . . .

Statt dessen kümmerte sich Baffo um mich, das heißt, er brach einfach die mühsam hochgezogenen Mauern ein, latschte durch meine sämtlichen Vorgärten, fröhlich, wedelnd und Nasenküsse verteilend.
Und ich ließ mich auf ihn ein, ließ mich treiben.

Mit der Zeit lernte Baffo, sich genauer auszudrücken, seine Bedürfnisse kundzutun. Mit seinem Sitzgetrappel etwa: Baffos dicker Po auf dem Boden, die Vorderpfoten, links, rechts, links, rechts, immer sacht angehoben und federleicht auf den Boden gestampft . . .
Meistens kreisten seine Vorstellungen um so wichtige Dinge wie: Auf, los, weitermachen, *action* bitte.
Und ich lernte Baffos Sprache, zwar nicht die Grammatik, aber doch deren wichtigste Vokabeln.
Es gab ein Ereignis, das Baffo und mich verband, nein, das unsere Beziehung vertiefte, wie nur ein großer Zwist so was kann.
Sein Fell, sein langes Fell, so prächtig es war, es bereitete allerlei Schwierigkeiten. Es mußte immer wieder gebürstet werden, sonst bildeten sich Kletten, und Ungeziefer nistete sich ein. Also schnippelte ich sie immer wieder ab, doch auf Dauer war das keine Lösung. Meine rohen Schnitte gaben Baffos Pelz bald ein räudiges Aussehen. Und das wollte ich ihm nicht zumuten, oder auch vielleicht mir nicht, denn die »verständnisinnigen« Blicke der perfekten Hundemütter im Park, die hatte ich auch bald satt. Außerdem juckten die Kletten, Baffos ausgiebiges Kratzen bezeugte es.
Ein Hundebesteck mußte her, ja, so heißt das, es

handelte sich aber nur um raffinierte Messerkämme, Hakbürsten und dergleichen, ich probierte das Zeug an mir aus.

Eines Samstags war es denn soweit. »Baffo, komm her. Bitte! Nimm Platz! Wir müssen in deinem Fell für Ordnung sorgen.«

Er kam tatsächlich, hatte den Ernst der Lage offenbar begriffen. Vor allem, wenn ich *bitte* sagte, im richtigen Ton, gehorchte er.

Und die Lage war ernst, denn Baffos Fell maß an den längsten Stellen fast dreißig Zentimeter, und da sollte man durch, mit Messerkamm und Hakbürste.

Wir standen es durch, aber anders als gedacht. Anfangs mochte Baffo die Fellpflege noch als Zuwendung empfunden haben, so wie Affen einander lausen, aber je größer die Kletten oder je empfindlicher die Stellen, an seinem Bauch, unter seinen Achseln und um seinen Allerwertesten herum, desto unwilliger reagierte er. Ich redete beruhigend auf ihn ein, erklärte ihm, daß es nun mal sein müsse, daß auch ich das erst lernte. Bald fing ich an, von irgendwelchen Belohnungen zu faseln, die es gleich – »gleeiiiich«, ein Wort, das er normalerweise verstand – geben würde, und ich bürstete und schwitzte.

Ich muß ihm wohl weh getan haben, jedenfalls fletschte er, rücklings liegend, die Zähne in Richtung meiner Hand. Ich drohte zurück, die hölzerne Bürste schwenkend: »Neinneinneinneinnn, das ist verboten!« Ich betonte jede Silbe, einzeln und nachdrücklich. (Zugleich schoß mir durch den Kopf, daß in Mugnaga ein junger Mann, der einfach nur falsch geparkt hatte, ein Italiener, von einem deutschen Touristen mit dem Wort ermahnt wurde, das sei *verboten*. Ich kam dazu. Der Junge schaute mich an, nicht den deutschen »Oberlehrer«, zuckte mit den Achseln und lachte: »Verbotten non è una parola umana.«) Egal, vielleicht war ich nicht konzentriert genug. Baffo schnappte plötzlich nach meiner Hand und riß ein paar Zentimeter Haut ein. Au.

Bestimmt war er genauso überrascht wie ich, ebenso erschrocken, sicher hat es ihn aber mehr geschmerzt. Ich reagierte ziemlich kindisch, plärrte wütend los, ging ins Bad und suchte laut schimpfend Pflaster (erst Merfen drauf), immer in der Erwartung, daß der Hund jetzt käme, mit angelegten Ohren Entschuldigung heischend, wie das sonst bei Rempeleien seine Art war.

Aber ich war zu sehr mit mir selbst beschäftigt, hatte nicht auf Baffo geachtet, daher auch nicht bemerkt, daß er regelrecht zusammenbrach, entsetzt über seine Tat.

Als ich verpflastert, mit der Welt schon wieder eins, aus dem Bad kam, lag er auf dem Rücken und zitterte, so schrecklich, daß ich Angst bekam, Mitleid, schlechtes Gewissen.

Meine rasche Versöhnungsbereitschaft (wie versöhnt man sich mit einem Hund?) half aber nichts, Baffo drehte sich, rutschte – ja, der große Kerl rutschte auf dem Bauch, die Beine schien er nicht aufstellen zu können, in seinen Korb.

Der »Alle-Mann-an-Deck«-Blick fand diesmal nicht

statt, er kroch und stürzte zugleich in seinen Korb, der ihm auch Abkehr von der Welt bedeutete, er knallte sich völlig verdreht hinein und weinte, ja, er weinte, es klang wie ein kurzer Schluchzer, nur unendlich tiefer, trauriger.

Irgendein gütiger Gott bewahrte mich davor, spontan auf ihn zuzugehen, ihn zu trösten, ihm zu helfen. Auch das mußte ausgestanden, durchgestanden werden.

So hatte ich einen Nebenklang in seinem Schluchzer vernommen, er hatte eine Verletzung, eine Wunde, die sich nicht (wie meine) verpflastern ließ.

Ich sah Baffo praktisch zwei Tage nicht, er blieb im Korb, pinkelte allenfalls mal in den Garten (die Tür stand immer offen), ja, er schiß sogar in eine Ecke, rührend: beim Kompost, dabei hatte er den Garten bisher beinahe wie seine Wohnung gesehen, nur Markieren erlaubte er sich, die eigentlichen Geschäfte erledigte er weiter draußen.

Auch ich ging meiner Wege und bemühte mich, so zu sein wie immer, schwer genug.

Am Morgen des dritten Tages, endlich, eine fröhliche Erlösung. Er weckte mich, schüttelte sich ausgiebig, linksrum, rechtsrum, dann kam die gute alte nasse Baffonase, pitsch, an meine. Ich bin o. k. hieß das wohl, und das *pitsch*: Du auch?

Ich packte Baffo am Nacken, derb, das mochte er, und sagte ihm einen unendlich langen Satz, den nur Hunde verstehen können. In menschlicher Sprache hieß das nur: »Alter Knutz, du!«

Baffo freute sich, erst wackelte nur seine kleine weiße

Schwanzspitze, dann der Schwanz, dann der Po, dann immer mehr und mehr, schließlich der ganze Hund. Wie eine rechte Gerade schoß seine Tappe auf mich zu: Auf, komm, die Welt gehört wieder uns.
Und das tat sie. Nur eine kleine Narbe blieb, aber bloß an meiner Hand, in Baffos Seele nicht, er hatte sich neue Kraft erzittert, gewonnen, erobert.
Manchmal beneidete ich Baffo, hätte auch gern so, immer der Nase nach, *stups*, der Welt verkündet: Ich habe zwar gelitten, aber jetzt habe ich, *stups*, wieder Kraft. Über solche Nuancen verfügt leider nur eine nasse oder trockene, fordernde oder vorsichtige, lebensfröhliche oder leise anfragende Hundenase, Baffonase.
Ach, und die Augen ... Ja, was kann man in Augen lesen, in deinen Augen, Baffo!
Wie man sich erkennt, einander erkennt, im Blick: Das Du ist ein Ich, auch ein Ich, kein Ding, keine Sache, ist ein Hund, ach.
Ich will versuchen, dich zu übersetzen, aus dem Hündischen sozusagen. Obwohl ...

Nur zwei Jahre, zwei Jahre, aber immerhin –
Die Geschichte *dieser* Freundschaft, *dieser* Liebe, die Geschichte *dieser* Angst, soll *il baffo* selbst erzählen. Ich habe sie hier nur aufgeschrieben, aber er hat sie mir Wort für Wort erzählt. In dem Moment, dem kurzen Augenblick, bevor er seine Augen für immer schloß.
Kinder hatten mich geholt. Ein, zwei Autos standen quer, Leute drängelten herum. Laßt mich durch!

Baffo!
Lefzen und Nase, seine schwarze Nase, blutig, die Läufe irgendwie kaputt, abgeknickt, zerstört.
Ich kniete mich neben ihn, strich ihm die nassen Haare aus den Augen, das hatte ich sonst nie getan, denn er selber bestimmte, wann er mir mit seinen Augen etwas Dringliches sagen wollte.
Der Blick. Er sah mich an, erkannte mich, er blickte mir genau in die Augen, wich mir nicht mehr aus (wie sonst meist, aus Höflichkeit, aus Würde, aus Unantastbarkeit der Person).
Die Leute, über uns gebeugt, tuschelten, »einfach über die Straße«, der Autofahrer: »Das wollte ich nicht, mein Gott, er kam einfach dahergesaust...«
Die Kinder: »Wir haben doch bloß mit Platzpatronen...«
Aha, Baffo, deine, unsere Angst.
Dabei haben wir doch gemeinsam daran gearbeitet.
Ich krallte mich in sein Nackenfell.
Ein langsam verebbendes Zittern ging durch seinen Leib, die zerbrochenen Pfoten zuckten, so wie manchmal, wenn er, im Traum, Hasen gejagt oder Schäfchen gehütet haben mochte.
Ja, in diesem Augenblick erzählte er mir seine, *unsere*, Geschichte, die Wahrheit, die Sicht der Dinge und die Gefühle selbst, so wie sie wirklich waren, wirklich. Eine Geschichte – so lang wie die Welt, so kurz wie ein Herzflimmern oder wie die Pause zwischen zwei tiefen Baffoseufzern, so kurz oder lang auch wie die Stille zwischen zwei Kinderpistolenschüssen.

Baffos Geschichte

Die Himmel krachen

Es donnerte, blitzte und knallte und kam immer näher, wurde schlimmer und schlimmer... Warum dröhnen die Himmel, welcher Sinn steckt dahinter? Ich habe Angst, wie kann ich, soll ich einen Gedanken fassen bei dem Lärm? Es donnerte, blitzte, knallte, und kam mir zu nah. Ich konnte es einfach nicht aushalten, das Ballern war so laut, laut, am liebsten hätte ich mir die Pfoten in die Ohren gesteckt und wär' so gestorben.

Ich lief, nein, meine Beine liefen davon, setzten sich einfach in Bewegung, flohen vor den berstenden Blitzen, ohne daß ich etwas dagegen tun konnte. Die ganze Welt war zum Wegschmeißen, *war* Blitz und Donner, und ich ganz allein, mit meiner dicken Hundeangst, ohne zu wissen, wohin.

Und dann roch ich ihn, ihn... Die Augen hatte ich zugekniffen, weil ich dann das Knattern wenigstens nicht sah.

Er dünstete irgendwie fürsorglich, ein bißchen wehmütig vielleicht, ach egal. Und naß fühlte er sich an, als er mich auf dem Arm hatte, endlich (grabschte mich einfach mit seinen großen Pfoten, aber nett). Ich legte meinen Kopf an seine Schulter, und die Welt hörte auf, nur Blitz und Donner zu sein, bekam wieder Form, Gestalt, Wärme, Empfindung. Er. Was war er? Wer? Ich roch mir den Kerl ein wenig genauer an.

Allerlei, heimelig: ein kleines Universum von Düften. Ruhiger, vertrauenerweckender Herzschlag. Ich schnupperte noch so eine Trauer durch, er fühlte sich genauso bänglich an wie ich. Gesamteindruck, der erste: nicht übel.

Er trug mich in ein Haus, wickelte mich in ein dickes Tuch und packte mich auf den Tisch. Wie beim Tierarzt, aber ungefährlich, das Zimmer gab nasenmäßig etwas her, aha, *sein* Haus. Vor ein paar Stunden hatte er Käse gegessen, und Wurst, halt!, Käse sogar überbacken. Überall war es schön staubig, und jedes Ding stand so, wie es stehen mußte, mal so, mal so. Aus einem Schrank quoll ein kalter Hauch von Fisch.

Der Tisch erzählte auch eine lange Geschichte, da gab es Verschiedenes zu schnuppern. Kürzlich war Marmelade, nein Honig, verkleckert worden, darunter aber lagen Spuren von Salzwasser, Kuchenkrümeln, ein Hauch von Bratensauce, seltsame Mischung das. Und dann waberte noch ein Geruch durchs Zimmer, aber wovon? Ich weiß nicht.

Jedenfalls: ordentlich war der Mensch nicht, das stand fest. Alles schien mir ungewiß nach Aufmüpfigkeit und Abenteuer, dickschädelig und doch nicht stur, nach, ja nach einem guten Herzen zu riechen, nach Geborgenheit.

Außerdem hatte er Blitz und Donner irgendwie abgestellt, das fand ich stark. Er rubbelte mich ab, killerig, von oben bis unten, und dann nahm er endlich das Tuch weg.
Er konnte mich nicht gleich so sehen, wie ich ihn sah, denn vorsichtshalber sind mir die Haare über die Augen gewachsen, aber von innen raus kann man gut gucken.
Ich rührte mich nicht, schaute ihn an: Doppelkinn, lange Nase, braune Haut, der Mensch mußte viel draußen sein, dunkles Haar, ziemlich viele graue Strähnen seitwärts, paßte zu mir! Um die Augen kringelten sich lustige Runzeln, und die Augen selber, komisch, dachte ich, der stiert mich an, möchte was wissen von mir, und ich möchte wissen, ob er meinen Augen standgehalten hätte, wenn er mir die Haare ... Nein, gottlob nicht, denn das tun ordentliche Leute nicht, vielmehr unordentliche, man muß ja auch mal weggucken können. Aber *sein* Blick, sein *Blick,* ich kam nicht gleich darauf, er guckte aus zwei dunkelbraunen Hundeaugen, ja, wirklich Hundeaugen. Drollig, das war's!
Da habe ich gleich begriffen, ganz klar: Der Typ gehört mir, auf meinen Riecher bin ich nämlich stolz. Am liebsten hätte ich ihm die Nase geleckt, um zu prüfen, wie sie schmeckte, doch das habe ich mich beim ersten Mal nicht getraut. Ich stellte mir vor, daß sie kalt war, das würde ich überprüfen müssen.
Etwas lenkte mich ab. Hinter ihm, durch ein Fenster, sah ich einen Regenbogen, einen großen runden, bunten Bogen. Also das ist ein *Omelen.* Ein Omelen?

Das ist was, das es nur ganz selten gibt, aber dann weiß man es, wie wenn der Große Hundegott mit der Pfote auf was zeigt, und du ahnst es genau, daß es das ist, nämlich ein Hinweis, ein Befehl, eine Liebe, du weißt es nicht nur, sondern du *mußt* es wissen, irgendwo ganz tief drin, zwischen den Ohren, wie eine riesige Wurst am Himmel, oder ein Käse ohne ein einziges Loch, oder ein Stück Fleisch, das ein anderer sorgfältig vergraben hat, und du findest es, ja, das alles und noch mehr ist ein Omelen.
Mein Herz bumperte in meinem Bauch herum, und das gehört auch dazu.
Ich hab' versucht, es ihm zu sagen: Du bist mein Knochen, ich will dich aufheben und vergraben und wieder ausbuddeln und ewig, ewig an dir nagen, und noch viel mehr, ach, es grumpelte alles so schön, mehr geht nicht. Und in meiner Sprache hieß das alles »Maff«.
Sagte der doch »Baff«, dabei habe ich ganz deutlich »Maff« gesagt. Also klug ist der nicht, aber vielleicht konnte man ihm ja was beibringen.
Die Sache mit dem Maff lernte er allerdings nie. Er nannte mich Baffo, dabei würde ich besser Maffo heißen, ja, ruhig mit o, Maff ist so ein ganz dickes Hundegeheimniswort, die tiefste Hundeweisheit und die fetteste Hundeliebe stecken da drin, mit Maff kannst du einfach alles ausdrücken. Zum Beispiel: Nimm. Oder: Du riechst bröselig. Oder: Ich mag dich. Oder: Laß mir bitte diesen Hühnerflunk, nur diesen einen, heute. Oder: Sei wieder gut. Maff bedeutet auch: Ich brauche jetzt etwas Ruhe. Oder: Ich möchte unbe-

dingt, sofort, mit dir spielen. Oder: Jetzt gehst du aber ein bißchen zu weit. Das alles und noch viel mehr heißt das. Es kommt nur darauf an, wie du das sagst und betonst.
Also das ganze Maff konnte ich ihm nicht gleich verklickern. Andererseits fühlte er sich nicht blöd an, sicher ließe sich was aus ihm machen, wenn man ihn erzöge, ein wenig.

Ich erschnuffelte mir das Haus in den nächsten Tagen genauer. Drinnen die Flächen, auf denen man liegen kann: Schön kühl, wenn du das brauchst, aber auch schön warm, wenn die Sonne auf einem Fleck Kuscheligkeit ausgießt. Und draußen erst: Mauern mit vielen Ritzen, mit Käfern und flitzigen Eidechsen, der ganze Garten überhaupt, da konnte ich ständig neue Plätze wählen, je nach Nase, wo der Wind mir die schönsten Duftgeschichten herbeitrug, oder nach Licht und Schatten, am gemütlichsten unter diesen Bäumen, die so flirren über dir, und die Sonne ist da – und auch nicht, und du lauerst mit den Ohren.
Nach dem ersten Eindruck war schon klar: Ort gefällt mir, Mensch gefällt mir, hier bleibe ich, ein klarer Fall für Maff. Und dann bin ich da irgendwo tief und fest eingeschlafen, ich glaube, ich träumte, aber so was schön Friedliches, daß ein großer Segelbogen über mir schwebt und keinen einzigen Donner durchläßt. Und von den Pfoten, die mich grabschten und trugen ...
Am nächsten Tag ging mein – ja, was?, er hatte sich mir nicht vorgestellt – vielleicht sollte ich ihn vorläu-

fig Graukopf nennen, ach nein, Graukopf ist zu despektierlich . . . Ich beschloß, ihn der Alte zu nennen, erstmal (aber dabei blieb es dann auch), denn Alter, das ist fast so ein Wort wie Maff, wenn man es richtig hört – also, ich ahnte Unheil, als der Alte ins Dorf ging, ich vorsichtshalber mit, und er fragte jeden, wirklich jeden, als ob das nötig gewesen wäre, ob er wisse, zu wem ich gehörte.

Wußte natürlich keiner was, wäre ja auch noch schöner gewesen. So gehörte ich nun ihm, dem Alten, und umgekehrt natürlich. Und ich versuchte, ihm alles zu erklären, aber er hat nicht gleich alles verstanden, ein bißchen begriffsstutzig ist er schon.

Ich bin ein Bearded Collie, habe ich mal gehört, aber meine früheren Leute haben das mit dem »Mischling« immer verschwiegen. »Nein, ein Bierdie«, antworteten sie stolz, wenn sie gefragt wurden, ob ich ein Bobtail wäre, aber so weit runter sind wir ja nicht, denn Bobtails haben hinten ja noch nicht mal was, mit dem sie sich freuen können.

Jeden Tag kämmten und bürsteten sie mich, ewig mußte ich sauber sein.

Solche Leute waren das! Und wenn es laute Geräusche gab, die ich nun mal nicht mag, dann gerieten *sie* in Panik. Was soll ich denn mit sowas? Also die hatten noch mehr Angst als ich! Und dann, auf Reisen, – immer in anderen, fremden Zimmern, immer noch mehr sauber sein, still sein . . . Und ihre Angst, wenn es ballerte, diese Angst, mit der sie mir noch mehr Angst machten. Da mußte ich doch weg, als es wieder mal krachte . . .

Ich hab dem Alten das alles mitgeteilt, ein Blitzmerker ist er ja nicht, aber irgendwie, mit der Zeit hat er's wohl doch kapiert. Ich richtete mich jedenfalls erstmal endgültig bei ihm ein.

Ein paar Lieblingsecken fand ich schnell. Wenn ich mich auf die Treppen im Haus legte, konnte nichts passieren, denn irgendwie mußte er immer da durch, aber es sammelten sich auch über den Tag hin wechselnd wichtige Orte. Morgens galt gewöhnlich als sicherster Platz das Waschbecken, unterm Waschbekken meine ich, denn morgens kam er da immer kurz rein, und außerdem war es eine richtige Höhle, mit sicherem Dach darüber. Da konnte man schon beruhigt auf dem Rücken liegen und ihm auch schnell folgen, alles unter Kontrolle! Und kam er mir mit seinem Fuß zu nahe, reichte ein mittleres Brummen. Er trat dann respektvoll zurück. Das war in dem untersten Raum vom Alten, also vom Haus.

Drüber lag ein Zimmer, da ging man nur durch, da hielt einen nichts, es roch so unbehaglich, wie noch nicht eingerichtet.

Aber wenn der Alte sich ganz oben aufhielt und zum Fenster hinausschaute, über das Stückchen See hinweg zum Berg hin und dem wechselnden Wetterhimmel darüber, und die dicken Schäfchenwolken – manchmal flog da auch so ein riesiger Vogel –, also wenn er so dasaß, schlich ich mich gern dazu, dann war die Stimmung so schön und friedlich, daß man sich richtig darin ausruhen konnte, und der Alte hatte in solchen Momenten auch immer so schöne Gedanken, also mehr geht nicht.

Dann stellte er sich vor – und das können nur ganz wenige Menschen –, daß Berge und Wolken und Vögel und Hunde, sogar Katzen, eines sind, nein, schon verschieden, aber dennoch eins. So genau konnte ich seine Gedanken natürlich nicht lesen, aber ein Bild ging immer in seinem Kopf herum: Wenn der See da draußen sich mit Wellen überkräuselte, waren alle Wellen, also einzeln, ganz verschieden voneinander, so wie Hunde und Katzen, und Menschen und Menschen, und jede Welle dachte, sie wäre was ganz Besonderes – dabei waren alle doch nur eins, nämlich Wasser. Ich fand das einen ziemlich einfachen Gedanken, den man sofort begreifen konnte, wenn man nur ins Wasser patschte.
Allerdings irritierte mich, daß er irgendwie immer auch Katzen dazu zählte, weil Katzen – nun, mit denen ist das doch schon anders. Denn Katzen . . . da muß ich mal schnell unterbrechen:
Katzen, also jeder faßt sie an, auch wenn sie noch so knurren, der Alte sagt schnurren, und er findet das nett. Das ist doch komisch: Katzen sind ganz oberflächlich, immer denken sie nur an Menschenhände, und jeder faßt sie an. Richtige Allerweltstiere sind Katzen. Ach was, Tiere. Katzen, die sind nur auf Wirkung gemacht. Und wirklich jeder faßt sie an!
Man stelle sich mal einen »Hund auf Wirkung« vor. Lächerlich! Ein Hund *ist* Wirkung.
Und noch was: Hinten schlagen sie mit dem Schwanz, die Katzen, und vorne hauen sie dir die Krallen in die Nase. Ein anständiges Tier tut sowas nicht. Und doch faßt jeder sie an. Diese Katzen! Auch der Alte.

Eines Tages, da hätte er lieber auf seinen Hundeverstand hören sollen, fand er beim Mähen ein Nest mit sechs kleinen Katzen, fünf waren schon tot, aber eine lebte noch.
»Ich hab mit der Mähmaschine die Alte vertrieben«, schniefte er (*die Alte:* was für ein unpassender Name für 'ne Katzenmutter). Jedenfalls nahm er sich das kleine schreiende Ding, lief sogar ins Dorf, um Milch und Schnuller und guten Rat zu kaufen. Kurz: Für ein paar Tage hatten wir einen widerlich riechenden und jiepsenden und ganz und gar ungebetenen Gast. Alle paar Stunden fütterte der Alte das Viech mit Milch, mit dem Schnuller klappte es nicht, und so ließ er es aus dem Handteller schlabbern, aber es war ungeschickt und kriegte nicht ordentlich was rein, so klein war es noch. Und auf des Alten Stirn gruben sich die Falten immer tiefer, er machte sich richtige Sorgen, und das, obwohl es nur eine Katze war.
»Das schaffen wir nicht«, sagte er traurig, dabei wurde die Katze immer lauter, und außer nach Katzenpinkel roch es im Haus immer mehr nach saurer Milch. Am liebsten hätte ich ihm geraten, die Katze einfach wegzuwerfen, aber ich traute mich nicht, denn solche Vorschläge litt er nicht, das hatte ich schon mitgekriegt.
Also, er nahm das Katzending und trug es fort, jetzt wirft er es doch weg, dachte ich schon, aber das machte er nicht. Er ging nur ins Dorf, redete mit allen möglichen Leuten, und alle waren begeistert, und jeder faßte die Katze an, aber keiner behielt sie. Sor-

genschwer gingen wir nach Hause. Sollte sie doch der Teufel holen!
Aber der holte sie nicht, vielmehr war es ein kleines Mädchen mit ganz roten Backen, leider interessierte es sich nur für die Katze, denn solche Rotbacken mag ich auch. Na, es nahm die Katze mit, der Alte war erleichtert. Und ich erst!

Also alles ist eines, das wollte ich eigentlich sagen, das war so ein einfacher Gedanke, aber wenn der Alte ihn dachte, dann roch er dabei so richtig schön heil. *Das* mochte ich gern! So saß ich am liebsten bei ihm, stundenlang, irgendwie spielten wir auch miteinander, mit Gedanken, und er ahnte schon bald, daß ich (manchmal) in seinem Kopf spazierengehen konnte, wenn ich vor Wonne und Glück mal wieder tief durchatmen mußte.
Einmal, das fand ich unhöflich, lachte er plötzlich laut auf, und die ganze schöne Eintracht war dahin, ja, unhöflich, denn er prustete los, nur weil er sich und mich von hinten vorstellte, und darüber gibt's doch wirklich nichts zu lachen!
Ein anderer Lieblingsplatz, mit dem Alten, waren die Stufen vorm Haus, nur hatte er dann oft so 'ne drollige Stimmung, so eine aus vielen verschiedenen, da blickte ich oft nicht durch. Vielleicht hing das mit der Traurigkeit zusammen, die er nicht richtig rausließ und die ich doch roch.
Dabei fiel mir gleich anfangs ein: Wieso ist er eigentlich allein, Menschen kommen doch meist zu zweit oder mehr einher. Ich glaubte, ich wäre auf der richti-

gen Spur, aber fast jedes Mal setzte er so eine Gehirnkappe auf, ich muß dem mal nachgehen.
Egal, jetzt war ich ja da, da war er auch nicht mehr allein, ganz einfach. Und außerdem *wußte* ich, daß dies mein Haus war: *torre grigio* nannten es die Leute im Dorf, und ich hieß *grigione,* na, wenn da nicht *alles klar* war?

Mit Nasenstübern die Welt erobern

Zu Zeiten stellte sich der Alte richtig dumm an, so dumm, schlimmer ging's nicht, da begriff er rein gar nichts. Wenn ein Mensch sich vor mich hinlegte, platt auf den Bauch, Arme nach vorne und Kopf dazwischen, platt auf den Boden, ich wüßte gleich, was er wollte. Aber umgekehrt? Kein Stück! Warum kapierte er so was so schwer?

Wieviel Mühe gab ich mir zum Beispiel mit ihm, die Regeln des Nasenstüberns einzuüben – und er? Hat ewig gebraucht, für so einfachen Kram.

Grundsätzlich muß man zwischen Stübern mit feuchter, kalter und mit trockener, warmer Nase unterscheiden. Die mit trockener Nase sind immer und in jedem Fall Notrufe oder gar ein Hilfeschrei, es kommt darauf an, wohin die Nase getuppt wir.

Am angezogenen, also am behosten Knie, bedeutet das: Achte mal auf mich, es ist zwar noch nicht schlimm, aber mir fehlt etwas.

An der Hand, das heißt: Jetzt, Alter, hör du augenblicklich auf, dich mit *dir* zu beschäftigen, ich habe große Probleme, merkst du das nicht.

Ach, und dann die nassen Nasenküsse, das sind nämlich keine Stüber! Dabei kommt es nicht auf die Stelle an, Hauptsache du erwischst ein Stück nackter Haut, daß der andere das so richtig spürt, so mit allem, das ganze Herz. Ich habe die Erfahrung gemacht, daß Nasenküssen gelernt sein will, und wenn man es richtig beherrscht und auch die Situation erkennt, daß dann also, ja, daß man dann unwiderstehlich wird.
Zum Beispiel sitzen viele Leute um einen Tisch, und du, also ich, natürlich, irgendwie darunter, und du willst dem Alten was sagen. Mit einer trockenen Nase geht da sowieso nicht viel. Mit 'ner nassen sind auch nicht alle Stellen zu empfehlen. Vom Alten hängt aber doch mal der Arm runter – da, mit der nassen Nase, kalt hingetupft, hach! Oder wenn er mal keine Socken anhat – die Stelle zwischen Hosenbein und Schuh ist interessanter als der ganze Fuß. Und wirkt! Er wird lachen, den anderen Menschen eine dumme Erklärung geben, egal, jedenfalls ist er dein, dein!
Ich will ja nicht alles verraten, aber doch noch zwei Geheimnisse. Nehmen wir an, der Alte ist nackt, im Bad oder sonstwo, und du kriegst irgendwie seinen Rücken zu fassen und plazierst da gezielt einen waschechten, kalten Schlabbernasenkuß, dann wirst du sehen: Der Tag gehört dir, mit ihm!
Und das Höchste: Wenn du seine Nase erwischst, und er ist in der richtigen Laune, und du rubbelst dir mit ihm die Nase, und womöglich leckst du ihm seine noch ab, wenn du dir das herausnehmen darfst,

also das, das ist dann das Glück, das Himmelreich, das ist einfach alles, ist Maff.
Wichtiges kann man dem Alten auch so mitteilen: Du setzt dich vor ihn hin, und er wird dir natürlich den Kopf kraulen. Legst du aber dein Kinn schräg über seine Hand, und er kann dich nicht kraulen, und das drei-, viermal, dann wird er in Unruhe geraten, wird sich wundern, warum du anscheinend nicht gestreichelt werden willst, wird hinhören, hingucken, so lenkst du ihn von sich ab.
Derber sind da schon die Arbeiten mit den Pfoten, rechte oder linke Schwinger ans Knie, verbunden mit einem Streckdiener und vielleicht noch einem kehligen Marrzen – alles durchaus zu empfehlen, zumindest springt ein kleiner Spaziergang dabei heraus.
Noch ein guter Trick. Du willst hinaus oder brauchst einfach so mal was Neues in die Nase? – Du setzt dich vor die verschlossene Tür und himmelst den Türöffner, also den Griff an (du könntest ihn ja selber öffnen, aber tu das nur nie, es schafft Unabhängigkeiten), lange betest du so, und wenn du ahnst, daß der Alte hinschaut, dann drehst du ganz langsam deinen Kopf, nur den Kopf, zu ihm und guckst – aber nur gucken und nicht weiter bewegen! Wetten, daß die Tür gleich aufgeht! Und da er irrtümlicherweise meist annimmt, daß du mal mußt (du mußt zwar, aber nicht, was er denkt), ist zuweilen sogar ein kleiner Watz rund um den Häuserblock drin.
Himmel, jetzt habe ich mich aber verplappert . . .

Insgesamt stellt der Alte sich nett an. Natürlich mußt du Abstriche machen, den idealen Menschen mußt du dir erst backen, aber ich war schon ganz gut dran mit dem Alten.
Nicht, daß immer ich ihn aufforderte zu spielen, auf manche Scherze ließ ich mich nur seinetwegen ein, zum Beispiel sein Zerrspiel. Ich brauchte ihm bloß irgendwelche Lappen zu bringen, es mußten nur die richtigen sein, schon zerrte er am anderen Ende, und ich konnte ihm große Freude machen, wenn ich dabei knurrte. Aber lange hielt er das nie durch, er hatte nämlich einen schmerzenden Rücken; ja, Menschen sind schon gebrechlich.
Einmal hatte ich wohl den falschen Zerrlappen erwischt. Plärrt der mich an! »Aus. Nein. Laß das! Schluß. Fertig. Aus! Aaauuusss«, und so weiter. Als er dann dieses Hammerwort gebrauchte, na, da ließ ich denn aus, aber daß er gleich dieses schlimme, endgültige Wort benutzen mußte! »Bitte, laß los« – gegen *bitte,* was soll man da machen, man ist einfach wehrlos, und wie er das sagt, also mehr geht nicht.
Dann das Stöckchenwerfen, das mögen die Menschen, sind richtig süchtig danach, sie tun es oft, aber können es selten. Wie mein Alter, der lernte das nie. So manches Mal tat ich ihm ja den Gefallen, holte das dumme Stück Holz, legte es ab, irgendwo, pinkelte drauf, nur um ihn drauf aufmerksam zu machen, aber er mochte es dann nicht mehr – er wollte den Stock wohl sauber abgeleckt in die Hand gelegt bekommen, das war kein gutes Spiel, und wir vergeudeten viele Hölzer.

Spaßig, ihm einen Schuh zu klauen, dann setzte er wieder und wieder so ein ernstes Fröhlichgesicht auf, seine Schuhe schienen ihm nicht so deutlich zu gehören, daß man für ihren Diebstahl bestraft werden mußte, stell dir das mal vor! Ein Mensch, der seine Schuhe nicht mag, ja, so ein närrischer Kerl ist mein Alter.

Noch so viele Spiele, noch soo viele. Verstecken oder Schäfchen jagen oder Tanten erschrecken, da begannen schon die großen Wonnen, und mein Alter und ich beherrschten das vorzüglich.

Verstecken ging so: Er huscht plötzlich hinter einen Baum und macht sich ganz dünn, was bei seinem Bauch nicht ganz einfach ist, und als ob er nicht deutlich in der Luft, überall, Geruchsfahnen hinterließe (ja, wenn er Gerüche verstecken könnte, aber das kann er nicht!), wie ein Kind, der Alte, aber lieb, wenn es ihm doch solchen Spaß machte.

Ich schnupperte also, setzte mein ratloses Gesicht auf, schnuffelte drei Meter nach Norden, sechs Meter nach Südwestosten, und dann, meinte er, ich hätte ihn ganz toll gefunden, ich mußte nur mal hinbellen, na ja.

Gemein war nur, wenn der Alte das mit anderen Menschen zusammen machte, dann verhedderten sich die Gerüche, aber das kriegt man nach einiger Zeit auch raus. Und schließlich: Augen hat man ja auch noch, oder? Das war dann so ähnlich wie Schäfchenjagen, und . . .

Schäfchenjagen ging nämlich so: Er rannte weg, ich hinterher, er suchte sich Hindernisse aus, an denen nicht geschrieben stand, ob ich so rum oder so rum sollte, na, ich lief einfach so rum, wie es ihn am meisten freute, nämlich anders rum.

Warum haben Menschen denn nicht einmal eine stinknormale Hundebildung? Anders macht man das doch nicht! Gemein, wie gesagt, wenn sie das zu mehreren veranstalteten, da geriet ich ganz durch den Tüttel, denn allen auf einmal kannst du keinen Gefallen tun.

Und Tanten erschrecken, ach, das ist eine lange Geschichte, denn Tanten erschrecken, das ist einfach Supermaff, und das geht so: Du suchst dir ein paar Freunde und fetzt mit denen durch die Straßen, besser noch durch einen Park, denn da sehen die dich nicht schon von weitem. Du pest da also längs, deine Mithunde auch, und dann streichst du immer dichter an den Tanten vorbei, wie die dann schreien! Aber meistens kriegt man das schnell verboten. Das gehört allerdings auch zu dem Spiel.

Und dann die Sache mit den Wörtern. Mit Wörtern ist das nämlich so eine Sache.

Meinst du, jetzt hast du es, dann bedeutet so'n Wort wieder ganz was anderes.

Für mich ist der alte Graukopf mein Alter, ganz einfach. Ein wirklicher, ehrlicher Name, innig, nicht so bezeichnend, da kommt eher was von innen, schwingt so viel mit: Du bist mein ein und alles, ja. Ein und alles sind zwei Wörter für eine Sache, und so verschiedene. Man muß sich das mal vorstellen, *einundalles,* das ist einer, der alles ist, mein Alter zum Beispiel, und warum gibt es dafür so verschiedene Wörter? Versteh einer die Menschen, die verstehen sich ja selber nicht.

Namen waren von Anbeginn ein Problem. Er hatte mich Baff getauft statt Maff, ein Grundfehler, aber davon mal abgesehen, gab er mir viele Namen, von Tag zu Tag, manchmal sekündlich neue, nach Laune, nach Stimmung, nach Riecher. Natürlich sollte man lieber *einen* Namen haben, denn den kann man ja auch so oder so aussprechen. Aber wenn du *alle* Namen haben kannst, ist das auch schön, da merkt man gleich, ob der andere lustig ist oder angestrengt, müde, mit sich beschäftigt oder in Spiellaune. Und manche Namen fühlen sich wie dicke Streichler an.

Mein Alter handhabte das so, das heißt, zuerst schaute er ins italienische Wörterbuch (dafür haben die Menschen auch noch ein Buch), und da fand er komische Sachen, die las er mir vor:

»*Baffo* heißt *Klecks,* aber auch *Type;* dagegen *mi fa un baffo: es ist mir Wurst.* (Da soll sich einer durchfinden.) *Baffi* ist das Wort für *Schnurrbart* (das paßte ja). *Ridere sotto i baffi* bedeutet wiederum *sich ins Fäustchen lachen*«, und der Alte lachte sich ins Fäustchen, als er mir das alles erklärte.

Dann gibt es noch ein italienisches Wort mit mir drin: *leccare i baffi* übersetzen die Menschen mit: sich die Lefzen lippen, nein, *die Lippen lecken*, und das meint etwa: hat gut geschmeckt. *Das* Wort steht aber nicht im Buch, das hörte mein Alter bei einer ganz anderen Gelegenheit, der mit dem Lachs, und Lachs, besonders geräuchert, ist Obermaff.

Nachdem der Alte die verschiedenen Namen für mich durchprobiert hatte, erfand er neue Namen, die hörten sich teils schrecklich an, manche besaßen aber einen wunderbaren Beiklang, Mitklang, Töne, die heimelig rochen, wenn *er* sie aussprach. Manche aber auch nicht.

Anfangs dachte ich, ich hieße *Sitz!*, *Komm!*, *Hier!*, *Platz!*, *Lauf!*, *Neinnein!*, oder *Halt!* Es handelte sich auch irgendwie um Namen, bloß noch um mehr, ich fühlte dumpf, daß damit etwas verbunden war, irgendeine Erwartung. Beim Wort *Sitz!* hab ich das dann kapiert. Wenn er mir diesen Namen gab, und ich mich hinsetzte, dann lobte er mich und fing an, mich zu kraulen, na, die Freude konnte ich uns häufiger machen.

Und bei dem Namen *Neinnein!:* Das klang so verweisend, da stimmte dann immer was nicht. Noch schlimmer, wenn er mich *basta!* nannte, zum Beispiel, wenn ich ihm laut und lange etwas mitzuteilen hatte. *Basta!* ist ja ein ganz nettes Wort, aber der Ton – der Ton roch ganz schön nach Schnauze halten und Ablehnung. Er sagte das zum Glück auch nicht oft zu mir.

Alarmstufe bei *Neinneinbasta!:* Da galt es, einfach alles zu lassen. Am besten ging man dann – *Komm* – zum Alten, hockte sich auf den Hintern – so zwischen *Sitz* und *Platz* (und *Hier* und *Halt* war das dann sowieso)–, nichts mit *Lauf* jedenfalls, dann war ganz leises Hecheln und dumm gucken das Rechte, so ging das *Neinneinbasta* am schnellsten vorüber.

Einige Wörter, die er brabbelte, bedeuteten einfach nur eine Stimmung. *Naah?*, das hieß: *Wenn du was willst, dann bin ich bereit... Baffolo, Lachgesicht* oder *Böserwolf, Schnafti, Pupsie* oder *Dicker* hießen alle mehr oder minder das gleiche, ebenso *Bär*, damit kam er mir ein wenig näher als nur mit einem freundlichen Gesicht, aber nicht so nah wie beim Streicheln.
Andere Namen hatten noch eine andere Bedeutung, die munterten mich auf, wenn es draußen mal Lärm gab, der mich nervös machte. Dann nannte er mich zum Beispiel *Großermutigerhund* oder *Bangbüx* und stupste mich dabei nett an.
Überhaupt mochte ich meistens gern so heißen, wie er mich gerade nannte, denn er steckte ja auch immer ein Stück von sich, also von seiner Seele, in solche Wörter. Besonders, wenn er *Graukopf* sagte, oder *Barbone*, da ging mir ein wohliger Schauer den ganzen Rücken runter, jedes Mal, bis zur Schwanzspitze und dann zum Bauch wieder hoch.

Wir saßen am Hafen in Mugnaga und sahen den dümpelnden Schiffen zu, Taue klamperten an die Masten, und es roch nach Fisch und Teer, und den Katzen, den vielen Katzen, und was da noch alles mitroch, und wenn überhaupt kein Wind ging und wir beide die Nasen in die Luft hielten und trotzdem das andere Ufer schnüffelten, auch wenn er einsah, daß er zwar eine große, dennoch nicht gerade eine gute Nase hatte für die feineren Nasendinge des Lebens – Mensch!, was riecht der alles *nicht!* –, wenn er begriff, daß es viele Dinge zwischen hier und drüben gibt, von denen sich eine menschliche Nase nichts träumen läßt, dann, manchmal, nannte er mich so köstlich *Barbónegraukopf,* auch mal *nosenéro,* einmal sogar *Alter,* aber da hatte er sich wohl vertan und mehr an sich gedacht.

Am liebsten wiederholte er bestimmte Wörter: *Neinnein* beschwört natürlich mehr als nur *nein,* und *Biffbaff* kribbelt viel schöner im Bauch als bloß *Biff* oder *Baff,* und irgendwie denkt er das auch, und er ahnt, daß so ein Doppelwort eine mächtige Kraft ausübt, nicht nur auf mich, auch auf ihn! Und wenn er es richtig ausspricht und meint, steckt in dem Wort schon eine ganze Geschichte, ein ganzes Erlebnis, und die ganze Zustimmung und die ganze Liebe, und das hast du schon in dem Wort.

Botznbotzn, das sagte er auch, aber er wußte selbst nicht so genau, was er dann fühlte, nur sein Herz sprach, und das war schön! Einmal hockte sich Anna vor mich hin, griff mir links und rechts an die Ohren, kraulte mich und sagte mit einer ganz tiefen Stimme, als ob sie den Alten nachäffen wollte, beschwörend: *»Botznbotzn«.* Ich meine, das war schließlich sein Wort, und das merkte auch Anna und begann plötzlich zu kichern, und der Alte merkte das auch und lachte auch, und ich freute mich, und wir alle drei waren ganz vergnügt, ja, so sind Wörter.

Der ganzen Wahrheit wegen muß ich aber auch berichten, daß der Alte ein paar drollige Sprachfehler hat. Es begann so: Er nannte mich *Knátzfiddel* oder

Knúckfiddelfáddel, und das bedeutete: *Mirgehteszwargútaberichkommemiteinpáärsacheninmeinerséélenichtzurecht.* Dann konnte ich ihm selten helfen, und meist wurde das noch schlimmer, etwa wenn er *Schnúppschnibbidappschnútz* zu mir sagte, ich will das lieber nicht übersetzen, und auf mich bezog sich das auch nicht. Ich wußte nur, daß ich in den nächsten Stunden ein langweiliges Warteschläfchen einlegen mußte.

Wenn der Alte solcher Laune war, konnte er auch fürchterlich schimpfen, wie ein waschechter Bollerkopp, o nein, war das furchtbar, ganze Kanonaden ließ er los wie *Míschkackolánzkruzifárzdàstustdunichtnochmàl* oder *bibónefurzoléntehöraufmitdemquàtsch* – in solchen Augenblicken suchte ich lieber das Weite, solche Unwörter hatten immer etwas mit dem zu tun, was ich zuvor angestellt hatte.

Braaav war wiederum so'n notdürftiges Wort, immer und ewig kam das. Ich glaube, er wußte selber nicht genau, was er damit ausdrücken wollte, irgendwie undeutlich, nichts Schlimmes unbedingt, bisweilen sogar ein Lob, wenn er mich dabei tätschelte.

Sinnloses Zeug sagte er auch, wenn er mir Kletten aus Bart oder Ohren entfernte, das tat meist ziemlich weh, aber es wäre besser gewesen, er hätte mir dann zu verstehen gegeben, ich solle stillhalten, zur Not mit einem *bitte* dazu, oder es gehe gleich vorüber, müsse aber sein – *das* hätte ich ja verstanden.

Überhaupt, menschliches Verständnis ist doch arg eingeschränkt. Liegt der Alte im Bett, und ich weck ihn mit Nase oder Patte, knurrt der unter seiner Dek-

ke hervor: *Gutenmorgenmeindickerichwillabernoch-schlafennimmbittewiederirgendwoplatz,* wo ich doch will, daß er aufsteht!
Die menschliche Rasse ist nicht nur nasenmäßig, sondern auch sprachlich reichlich unterentwickelt, der Alte, der hat aber immerhin ein paar gute Ansätze. Knutz – das ist sein und mein, also unser alleraller-schönstes Wort, mehr geht nicht, Knutz ist beinahe wie Maff, und noch mit dem Alten zusammen. Wenn der Alte am Ende der Welt wäre und Knutz flüsterte, ganz leise, ich hörte es doch und käme gerannt, wie der Blitz, nein, wie ein Vogel käme ich geflogen, weil mein Herz dann Flügel kriegte, nein, das dauerte zu lange, ich käme gewackelt, wie meine eigene Schwanzspitze, ja: Da bin ich!
Neulich vor ein paar Wochen – da muß ich aber erst noch was anderes berichten ...

Einmal fuhren wir nach Caslone, den Berg hoch, da ist so ein Freßplatz für Menschen, leider nicht für Hunde, und ein ganz schlimmer Weg führt dorthin, immer linksrum, rechtsrum, bis es nicht mehr geht, und du würgst schon, und deshalb kriegst du da nichts zu fressen, also als Hund.
Der Alte traf alte Freunde. Haben die gestritten! Eine Frau war dabei, die trug einen Puschel auf dem Kopf, eigentlich mehr ein Püppelschwänzchen, und redete immer davon, daß man keine Hühner und Kälber und Ziegen essen dürfe, es gebe schon Gewalt genug auf der Welt, man müsse sich von Gemüse ernähren und von Körnern, die würden sowieso weggewor-

fen, wenn man sie nicht äße. Na und? Sollen sie doch. Ich sah mich schon Salatblätter knabbern.
Und gezankt hat die Frau, also, wenn das keine Gewalt ist! Am liebsten hätte ich mich mit einem ordentlichen Wadenbiß eingemischt, aber der Alte mag das nicht.
Und dann war da noch ein Mann, der sprach immer von Fortschritt, oh, wenn er doch fort – geschritten wäre! Man müsse, meinte er, den größeren Zusammenhang sehen, auf der Welt sei es nun mal eng geworden, weshalb es nicht genügend Arbeit gebe und man, technologisch oder so ähnlich gesehen, nicht alles durcheinanderwerfen dürfe, vielmehr ginge es jetzt darum – von da an hörte ich nicht mehr zu und, ich glaube, der Alte auch nicht, denn er löffelte still seine Suppe, und beim Hühnerbein merkte ich, daß sein Magen zum Kopf hochdrückte, denn ich kriegte was ab, also von dem Huhn.
So ging das ein, zwei Stunden, der Alte sprach nicht viel, in seinem Kopf drehte es sich vermutlich sowieso, dann kann er fremdes Durcheinander nicht gut vertragen. Alte Freunde hin oder her, jedenfalls war es trotz der ganzen Sonne ziemlich kalt und zankig. Und ich unterm Tisch, und überall lagen die Katzen frech herum – also da, wenn ich da jemanden hätte beißen können.
Als die beiden abfuhren, ächzte der Alte, so einen richtigen Durchseufzer, dann döste er in die Sonne hinein.
Langsam knuschelten wir uns wieder zusammen.

Irgendwie ist der Alte viel klüger als das, was er sagt. Die menschliche Sprache ist sowieso ziemlich roh und ungebildet, jedes Wort ist ein Name, es bezeichnet, und besagt je nach Lautstärke und Betonung etwas anderes – sonst brauchte man ja auch keine Namen, weil ja jeder alles schon weiß, aber die Art, wie er und nur er das weiß, das macht eben den Unterschied aus, und wie er den Namen spricht sowieso. Verstehst du? Das ist so, Alter, wie wenn du einen Knochen siehst oder ich, ich riech und schmeck ihn ja noch, das ist so, will ich sagen, als wenn es zwei völlig verschiedene Knochen, nein, Welten wären.
Vielleicht verstehst du das so besser:
Einmal stahl ich dir einen Schuh, da sagtest du nichts. Dann klaute ich den Pantoffel, ich meine, der geht doch auch am Fuß, da hast du dann geschrien, ich solle ihn wiedergeben. Gehörte der Schuh nun mehr zu meiner Welt und der Pantoffel mehr zu deiner, oder war der Schuh dir egal, weil er schon alt war, und der Pantoffel noch neu? Du bist mir doch auch nicht egal, weil du schon älter bist, und ich noch ganz neu, oder willst du mich nicht mehr haben, wenn ich älter bin? Manchmal verstehe ich Menschen nicht. Nicht mal dich.
Unser Garten in Mugnaga ist ja auch nicht nur unser Garten in Mugnaga. Er ist Eidechsen, Gras, blanke Olivenblätter, Mauer nach außen, Mauer von innen, Blumengeruch und Duftwolken vom See, und das alles immer wieder anders, neu, am Morgen, Mittag und Abend, wenn die Sonne scheint, wenn es regnet oder geregnet hat, kalt und warm und dazwischen,

verstehst du? Horch! Es wird dunkel! Und die Angst – riechst du sie auch? Es sind viele Welten, so viele... Weil der Sinn nicht festgelegt, nicht eingefangen, weil der Sinn freiwillig ist, also, weil er kein Halsband umkriegt, und keine Leine, verstehst du? Und das kapierst du alles eher mit dem Herzen als mit wortreichen Erklärungen.

Miteinander leben

Ich meine, ich kann den Alten schon gut riechen, aber er ist natürlich nur ein Mensch ... Wenn man das vergißt, dann macht man sich zum Sklaven. Ich sehe meinen Alten als guten Freund und Kameraden an, das ist schon eine Menge. Aber zum echten Freund gehört auch, daß man ihm nicht alles durchgehen lassen darf, er muß einfach wissen, wohin er gehört – nämlich nicht nur in mein Herz, da kann er sich sogar richtig reinsetzen, so viel Platz ist da für ihn.
Aber im Leben muß man ja auch irgendwie miteinander umgehen. Also braucht man eine deutliche Rangordnung, sonst gibt es Streit, und Streit ist doof.
Da ich ihn so gern leiden mag, den Alten, hab ich ihm Rang Zwei geschenkt, freiwillig, und nur aus Liebe. Menschen wollen zwar immer gleich ganz das Sagen haben, aber das liegt an ihrer Erziehung, und die muß man ihnen austreiben, denn sonst wird jeder Tag zu einer Qual. So einen Menschen zu haben bedeutet nämlich eine große Verantwortung.
Zunächst wird man ihn an eine Regelmäßigkeit gewöhnen. Morgens muß er zum Beispiel raus, und

man muß ihn tüchtig laufen lassen, denn ohne frische Luft und ohne Bewegung wird er leicht zänkisch. Er muß überhaupt mehrmals am Tag Gelegenheit haben, frische Wiesen zu riechen oder in die wimmeligen Blätter der Bäume zu schauen. Wenn Menschen zuviel sitzen, dann werden sie fett, das seh' ich bei meinem Alten.

Natürlich brauchen Menschen auch mal Zeit für sich, der Alte döst viel vor sich hin, das tut seiner Seele gut, das merkt man an seiner Ausgeglichenheit, also wenn da innerlich was kneift oder ziept, dann darf man ihn nicht überfordern.

Eigentlich sollte es so sein, daß Menschen auch Gelegenheit bekommen, mit anderen Menschen zu spielen, nur bei meinem Alten, da ist es was anderes, wenn man da nicht auf ihn aufpaßt und ihn zuviel läßt, dann kriegt er auch so komische Stimmungen, wankelmütige, zerrissene. Und wenn er zu hippelig wird, muß ich zusehen, daß er sich vertrollt. Wichtig ist: Du darfst deinen Menschen niemals allein lassen, könnte ja sonst was passieren, und du mußt ihn immer in Trab halten, sonst langweilt er sich und ist unterfordert.

Ich sagte schon: Von Anbeginn war mir klar, der Alte gehört mir, aber manchmal gehört man ja auch sich, also, wenn ich mal richtig Lust hatte, mich zurückzuziehen, besaß ich dafür ein Körbchen, das hieß so, weil es für einen richtigen Korb zu klein war, aber mein, mein, mehr geht nicht.

Konnte ich die ganze Welt nicht leiden, stieg ich ein,

in den Korb, was den Vorteil hatte, daß der Korb eben zu klein – ich meine natürlich, er machte so knörzige Geräusche, und so wußte der Alte immer, auch wenn er gar nicht hinguckte, aha, Baffo geht in den Korb, das war wie ein Befehl für ihn, und er ließ mich in Ruhe. Ich vergewisserte mich allerdings jedes Mal, ob er es auch wirklich bemerkte, denn manchmal überhörte er auch sowas, und dann schniefte ich mich in Schlaf, ich wußte, jetzt würde er eine Weile ganz still sein und sich wünschen, er hätte auch solch einen Korb für sich. Denn mein Korb ist eine richtige Festung, da traut sich keiner, mich zu stören, und niemand kommt mit Bürsten oder Scheren oder dem Zeckengriff, der immer so ziept.

Auch wenn mal geschimpft wird oder sonst was unklar ist, zwänge ich mich in den Korb und schließ die Welt hinter mir zu. Die Welt ist immer da, wo ich bin, ganz, mittendrin – es sei denn, es passiert was Aufregendes, so zu ist die Welt ja auch wieder nicht.

Im Korb läßt es sich prima nachdenken, und mir fällt immer was ein. Zum Beispiel sagt der Alte oft nicht die Wahrheit über mich. Das hängt wahrscheinlich damit zusammen, daß Menschen es nicht besser wissen, wie soll ich das mal sagen, ja so:

Gegenüber von Mugnaga fällt ein großer langer Berg in den See, also er fällt natürlich nicht, sondern er türmt sich da auf. Links sieht er aus wie ein friedlich schlafendes böses Krokodil und rechts wie ein frecher, aufmüpfiger, spielfröhlicher Elefant, und dazwischen jede Menge Buckel, die weiß von Schnee sind, wenn die Sonne noch schräg steht.

Genau so ist es mit der Wahrheit bei den Menschen, immer sind da zwei Enden mit Buckeln dazwischen, dabei ist es doch nur ein Berg, mit Wiesen und Bächen, mit Wäldern, in denen man Rebhühner aufstöbern oder Eichhörnchen jagen kann. Da riechst du kein Krokodil und keinen Elefanten, und doch sehen die Menschen immer die zwei Enden, wo sie mal das eine, mal das andere größer sehen, und *das* dann immer so wichtig nehmen, statt einfach mal richtig hinzugehen, mit mir zum Beispiel, spazieren.
Und so ist es mit den Gefühlen der Menschen, keine richtige Klarheit darin. Sie fühlen immer so ein Gemisch, daß man sich die größte Mühe geben muß, die einzelnen Bestandteile zu sortieren. Wenn ich mich konzentriere, genau hinsehe, und auch die Nase zu Hilfe nehme, finde ich es meistens raus, ob es Vorfreude ist, oder schon richtige Freude, ob er sich halbe Sorgen macht, die er halb unterdrückt, oder wenn langsam die Sorge überwiegt . . .
Die einfacheren Gefühle, die Stimmungen, ob seelisch zerzaust, nachdenklich oder fröhlichvergnügt, die rieche ich auch mit geschlossenen Augen. Auch wie er geht ist verräterisch.
Zum Beispiel sagt der Alte nicht die Wahrheit, oder er weiß sie einfach nicht, wenn er über mein Zittern spricht. Zittern – das bedeutet ihm einfach Angst. Wenn er doch selber immer so ein Mischmasch von Gefühlen ist, müßte er sich doch auch bei mir deutlicher auskennen. Denkst du.
Da ist einmal das Angstzittern, es kommt von ganz unten herauf, die Beine hoch, den Bauch, und zack!

in den Kopf. Da möchten die Hinterbeine laufen, und sie laufen doch nur in den Bauch, wo dann die Angst natürlich immer dicker wird. Wenn es schießt oder ballert zum Beispiel, bei Gewitter oder Feuerwerk.

Andersherum läuft Glück, ein ganzes Bibbern, das irgendwie von den Ohren runter in die Brust bummert und dann da irgendwo wackelt, das ist schön – mehr geht fast nicht.

Und wenn es nur im Brustkorb knörzt und bumpert und nach oben und unten gleichzeitig will, das ist dann das Zittern vor Sehnsucht, das liegt irgendwo zwischen Glück und Angst, es kommt nur darauf an, wo es schließlich hingeht. Du sehnst dich *nach* Glück, und dann hast du es, gerade weil du dich sehnst, aber es könnte ja auch verschwinden.

Ist doch ganz einfach.

Oder kann man sich auch *vor* Glück sehnen?

Einmal spazierten ich und der Alte den Montemugnaga hoch. Wir trabten über sanfte Hänge mit Büschen und über große Wiesen, ganz wie drüben zwischen Krokodil und Elefant, nur ohne die zwei Enden, also wir liefen mittendrin, aber da war noch etwas, ich roch es schon von weitem. Schafe! Ich ahnte: Das sind deine Tiere. Aber eigentlich sind Schafe ja auch keine einzelnen Tiere, so wie du und ich, nein, sie sind alle zusammen, sind ein großes Wesen, das blökert und knuspert, und wie *eins* riecht. Nur, daß da fortwährend Teile herausflitzen, auf vier Beinen, und dann so aussehen wie ein ordentliches Tier,

doch in Wirklichkeit riecht es dann so, das einzelne, daß es immer wieder zu den anderen muß, erst dann riecht es wieder richtig. Der Alte sagt *Herde* dazu.
Zu gern hätte ich das Spiel immer weiter getrieben, springt da wieder ein Stückchen von der Herde bergab, dann treibst du es wieder hoch, zu den anderen, daß die wieder ganz werden, hach! Aber da liefen leider schon zwei riesige Hunde herum, die mir das rasch verleideten.
Ich begriff nur eines: Das ist auch Glück, also die Schafe, sogar die Hunde gehörten dazu, das roch ich gleich! Ich will damit sagen, daß man sich, Tatsache!, gleichzeitig vor Glück und nach Glück sehnen kann, ja, so sind Schafe.
Und dem entspricht ein Zittern, ein Zittern wie ein Lämmerschwänzchen, bloß nicht so ängstlich. Und riecht gut, bestimmt!

Ja, die Wahrheit sagen und miteinander leben ist beides gleich leicht schwer.
Als zum Beispiel das Fest war, in Mugnaga, und der Alte sich nicht um mich kümmerte, da roch es nach Umbruch, nach Abschied und etwas Neuem – und natürlich nach Lachs und leckeren Dingen. Was nützt mir, dachte ich, was Neues, wenn es nicht gleich kommt. Also beschäftigte ich mich mit dem Lachs, den die Leute einfach auf dem Tisch hatten liegenlassen, es achtete ja keiner auf mich.
Dann rannte ich zum Alten und bedankte mich für die unverhoffte Gabe. Aber der machte einen ganz »undrolligen« Eindruck, erst fürchtete ich, er werde

schimpfen. Dann roch ich (durch den ganzen Lachs hindurch), daß er zugleich auch Lust hatte zu lachen, das war ein Gemisch: Zorn und Lachen und Lachs, alles durcheinander. Jedenfalls geschah nichts weiter, außer, daß er mit den Achseln zuckte und sich wieder all den Menschen zuwandte, die das Zimmer verpesteten, ja verpesteten, mit ihrem Qualm und ihren dummen Klatschgeschichten.

Später habe ich ihn ein paarmal auf die Probe gestellt. Wenn Lachs im Haus war, paßte er von da an immer auf wie ein Schießhund, so heißt das nun mal, und als Schießhund gebärdete er sich auch bei einem kleinen Spiel um ein pappiges Gebäck, das er andächtig als *crosan* für sein Frühstück kaufte. Oft genug legte er das irgendwo in meine Nasenhöhe, aber er ließ es keine Sekunde aus den Augen. Wenn ich nur mal dran vorbeischnüffelte, kriegte er schon sein Zucken und guckte streng. Fast nie erwischte ich so ein Ding, außer, er ging mal kurz raus. Das war ein lustiges Spiel. Wenn er verlor, wurde er ärgerlich, zwar nicht so richtig, aber doch ziemlich, das ist auch so eine komische Eigenart der Menschen, daß sie immer etwas dazwischen wollen, sich selten für eine Sache klar entscheiden können. Also wenn ich was will, dann richtig, aber doch nicht ziemlich.
Wenn ich das alles recht bedenke, leben Hund und Mensch eigentlich in einer Zweiklassengemeinschaft – Ihr da oben, mit euren lecker riechenden Sachen, und wir da unten, unter dem Tisch. Was runterfiel, das war oft, aber nicht immer, für mich bestimmt,

und wenn man sich von oben Nachschub holen wollte, gab's Nasenstüber, aber böse.
Ähnliche Schwierigkeiten gab es mit der Leine, erst war's eine Schnur, später ein angenehmes Kauleder, jedenfalls meins. Aber wenn wir uns so aneinander ketteten, als Beweis für alle Leute, daß wir zusammengehörten, war doch von Anfang an nicht ausgemacht, in welche Richtung wir wollten. Wir zerrten ein bißchen hier, ein bißchen da, mal ging er vorneweg, mal ich, mal blieb er stehen, mal ich, es dauerte jedenfalls, bis ich ihm beibrachte, wie ein ordentlicher Spaziergang aussah.
Er konnte ja nicht riechen, wann ich markieren oder schnell im Gebüsch lesen mußte, wer sich da wieder zu verewigen versucht hatte. Und manchmal muß man ja auch nachgeben können.
Hin und wieder allerdings erkannte ich genau, daß die Leine auch Sicherheit geben kann, wie ein Zaun. Wenn man zum Beispiel kleine Hunde anknurrt und sich aufführt, als ob man sie beißen wollte, mit drohendem Zähnefletschen, dann hindert einen die Leine daran, man kann dann gar nicht wirklich beißen, und dennoch diese albernen Schoßkratzer schön erschrecken.
Miteinander leben, meine ich mit all dem, ist eine Sache auf Gegenseitigkeit, so einfach. Wenn zwei an einer Leine hängen, gibt's mehr Knatsch, als wenn beide frei laufen und sich alle paar Minuten aufs Neue einen guten Tag stupsen können.

Noch einige notwendige Richtigstellungen

Heulen, sagte der Alte, sei so ein Ausdruck von was Urigem, Wölfischem, von Sehnsucht oder so. Der Mensch hat nicht viel Ahnung.
Wann heult der Hund aus voller Kehle? Antwort: Es gibt viele Gelegenheiten, und jede unterscheidet sich so von der anderen wie das Heulen selber vom Jaulen oder Jaunzeln (sein schreckliches Wort).
Heulen, einfach nur so, ohne Anlaß, das heißt in menschliche Sprache, wenn man dabei überhaupt von Sprache reden kann, übersetzt: *Das ist mein Revier, meins, ganz allein,* und heißt: *Ich bin allein und ganz verlassen,* und heißt: *Ich möchte, daß der Mond herabsteigt zu mir,* und heißt: *Ach, könnte ich doch jeden einzelnen Stern markieren,* denn erst wenn ich ihn markiert habe, gehört er mir, ja, das und viel mehr heißt es!
Aber Heulen, wenn die Glocken läuten, bedeutet was ganz anderes, die tun in den Ohren weh, ihr derber Klang verändert Stimmungen, überdröhnt das Knistern und Rascheln der Blätter, läßt Vögel verstummen – sie klingen eben falsch, unecht.

Und Heulen bei Musik, ich meine, Musik gibt es ja auch nicht wirklich, nur innen, und doch schrillen die Töne ins Ohr, aber manchmal klingt da auch sowas mit, was für den Menschen vielleicht eine Ursehnsucht und ein Gefühl des Alleinseins, Verlassenseins bedeutet. (Stimmt, der Alte weint schon mal, wenn er Musik hört.) Also, da muß man auch heulen – aber ich bin auch noch da, he?

Ganz anders wieder das Klavierheulen, ich lasse es gelegentlich aus Höflichkeit hören. Wenn der Alte vorführen will, wie musikalisch ich bin, setzt er sich ans Klavier und spielt paar Töne – und ich heule ihm zu Gefallen mit, im Takt.

Da bleiben dann oft die Leute draußen stehen. Der Doktor und sein Hund sind verrückt, denken sie, und irgendwie stärkt das unsere Gemeinsamkeit. Einmal kam ein Freund (das war schon in München), Michael, so ein musikalischer Typ, mit dem hat's Riesenspaß gemacht: Er spielt, ich heule, er spielt dazu, ich heule, rauf und runter, Michael fängt auch an zu jaulen, und so geht das eine Weile.

»Ihr könnt auftreten mit der Nummer«, sagte der Alte und lachte und schneuzte sich und lachte. Draußen, auf der Straße, haben auch einige Leute Beifall geklatscht. Wirklich!

Was ich noch sagen will: Auch Stöhnen und Ächzen ist Heulen, nur leise, und ganz ganz anders, nicht so aufdringlich, da muß man schon die Ohren spitzen. Da mußt auch du schon mal deutlicher hinhören, Alter!

Die Wochen zum Beispiel, die Jahrtrillionen, die ich

beim Arzt bleiben mußte, nachdem mich der Hühnerbauer geprügelt hatte, ganz ohne Grund. Als du dann endlich kamst, mich abzuholen, mich zu erlösen, mein Gott, Alter, ich laß dich nicht noch mal so lange allein, wie du geguckt hast, wie angewurzelt bliebst du, wie vom Donner gerührt, und dein laut bumperndes Herz, das konnte ich schon von weitem hören.

Menschen können ihre Gefühle nicht so klar ausdrükken, aber sehen und riechen kann man's!

Wie du geschwitzt hast, an der Grenze, mit der Ente und Anna und Tobi im Auto – traust du mir so wenig zu? »Platz«, hast du befohlen und Angst gehabt, aber Anna nicht. Mensch, Knatzel, verzeih das Wort, ich versteh ja, normalerweise, aber wenn jemand Angst hat, kapier ich gar nichts mehr, weil die Angst so fett rüberkommt und alles verdüstert. »Du Unglückswurst« und »bitte«, hat das nicht Anna gesagt? Und sie war ganz klar und ohne Furcht, dann weiß man auch, was man soll.

Und: Ich – den Unterschied zwischen Huhn und Ente nicht kennen? Also hör mal! Ich kann sogar Teresita und jede andere Ente auseinanderhalten. Aber du?

Anna und Tobi waren bei solchen Sachen ganz anders, vielleicht sind erwachsene Menschen überhaupt nur Vorläufer zu Kindern, mit denen gibt es nämlich keine Probleme. Wenn ich in Panik gerate, wenn es schießt oder gewittert: Die Angst, die der Alte dann selbst entwickelt, also seine Angst vor meiner Angst, die macht mir nur noch mehr Angst.

Bei Anna und Tobi gab es das nicht. Das mußte der

Alte noch lernen. Ich glaube, dieser Gehirnriegel, der immer zugeht, der hindert ihn daran. Anna und Tobi besitzen sowas nicht.
Sie lachen nicht, wenn ich stolz und naß aus dem See komme, sie laufen davon, weil ich mich schüttele, aber dann fängt das Spiel wieder von vorn an. Das Schütteln gehört dazu, so ein Wechselspiel: Ich bin naß, ich bin trocken, du bist naß . . .
So spielt er das aber nicht, der Alte, er lacht immer, wenn er mich mit nassem Pelz sieht.

Stadtleben

Überhaupt München. Das ist ja nur ein Name, aber es war etwas ganz Neues. Es roch anders, vielfältiger, unangenehmer, nein, es roch nach weniger. Es schmeckte anders, schärfer, lauter, und es fühlte sich anders an als Mugnaga.

Der Park, gleich neben dem Haus, verhieß interessante Begegnungen. Schon am ersten Abend zog ich eine große Runde, Hunde mußte es da geben, Freund oder Feind, jede Menge Auswahl, das roch ich sofort. Lange Geschichten, von Fehden, Spielkumpaneien und Gleichgültigkeiten. Wie man das wissen kann? Ganz einfach: Wer markiert wie über was, wer wälzt sich wo, wer hinterläßt was, und wie riecht das Ganze, einzeln und vor allem zusammen? Einen ganzen Tag konnte man da nacherleben. Es roch auch nach viel mehr Menschen als in Mugnaga – und irgendwie gezähmt. Aber irgendwie auch nicht.

Da gab es Bänke, auf denen Menschen nacheinander übereinandergesessen hatten, einige alte Leute, ein Gammlerpaar, ein junger Mann, der die gleichen Zigaretten rauchte wie der Alte, ein Herr mit einer Na-

senmedizin und einem langhaarigen Hund, der immer Essensreste bekam, ein dicker Schoßhunddakkel ...
Das glaubst du nicht? Na, dann riech mal selber hin!
Ich würde morgen gegen viele neue Bekanntschaften antreten.
Dann pfiff der Alte, »hier geht's lang«, zum Haus. Der Garten ziemlich wild, das Gras hoch, und wenn man sich reinlegte, bildete sich ein richtiges Polster. (»Laß das«, sagte der Alte, »ich muß erst mähen.« Dabei müßte man sich gerade in diesem bunten Gras besonders gut wälzen können!) Birnen faulten da herum, in einer Ecke altes Laub, das fast schon zerbröselt, aber noch keine Erde war, dicht und grün und wild und schön. Gerüche von Katzen, na, die würde ich schon verscheuchen.
Die erste Nacht waren ja noch Anna und Tobi da.
Im Haus: viel Staub. Der Alte fluchte, brummelte und stöhnte über dies und das. Soweit dennoch alles in Ordnung, in bester.
Später machte der Alte einen Kasten an, mit wackeligen Bildern, Fernsehen, sagte er dazu. Doch da war eigentlich nichts zu sehen, irgendwas bewegte sich zwar, aber es lebte nicht, roch nicht. Interessierte mich nicht. Nur: Der Alte, er ächzte, stöhnte, fluchte, schlug sich an den Kopf – komische Stimmung, ich weiß auch nicht, wieso. Oft saß er auch später so davor, sagte, er solle nicht so sitzen, na, warum ging er dann nicht raus mit mir. Der Kasten lenkte ihn ab, von uns.

Nächster Tag. Park. Wie erwartet, wie gerochen. Feinde, Freunde, Gleichgültige.
Ach ja: Die Menschen lassen im Park viel liegen. Haferflocken, Hühnerreste, Pappsemmeln mit Fleischbrocken – ein überreich gedeckter Tisch. Und unten, auf deiner Höhe: Du darfst, wenn der Alte nicht hinguckt. Die erste Zeit ist der Alte mit sich selbst beschäftigt. Er telefoniert viel, freut sich falsch und freut sich richtig, ich hör's ihm doch an. Wenn es klingelt, belle ich, wie sich das ziemt. Er will es mir abgewöhnen, als ob er nichts von anständigem Hundebenehmen wüßte. Menschen sind eben so angelegt, daß sie Neues als Störung sehen.
Kurz: das übliche. Noch sind wir eigentlich in Mugnaga, aber sind auch schon hier. Ich bin, im Park, auch beschäftigt. Paar Hunde gibt es, die sind stärker als ich, mit einigen anderen muß sich das erst noch rausstellen. Wir gehen unserer Wege.
Der Alte ist ziemlich zerstreut und konzentriert, was bei ihm das gleiche ist. Er vergißt, mir Fressen hinzustellen. Nicht so schlimm, im Park ist genug zu finden, und Wasser gibt's überall, auch im Klo. Doch dann . . .
Es klingelt an der Tür, ich renne hin und belle.
Draußen zwei Damen, die ziemlich wütend aussehen. Der Alte macht lustlos auf, wird dann aber sofort die reine Höflichkeit, also unrein, will ich sagen, so falsch habe ich ihn noch nie erlebt. »Darf ich Sie nicht hereinbitten?« sagt er. Sagt *nicht* herein, und die kommen trotzdem.
Die Klage der Besucherinnen: »So geht das nicht,

Doktor (wenn andere was vom Alten wollen, sagen sie das immer) ... der Garten ... das Haus ... alles so ungepflegt für die Gegend ... aber das ist Ihre Sache (merkt er nicht, wie falsch die sind?) ... aber der Hund (Achtung, jetzt bist du dran) ... also so geht das nicht. Er beißt unsere Hunde (also beißen und rempeln ist ja wohl ein Unterschied, auch wenn so'n Kleiner mächtig quiekt) ... und er streunt herum, also, Doktor, passen Sie besser auf Ihren Hund auf.«

Freundlich, aber aalglatt redet der Alte auf sie ein, »... lieber Kerl«, sagt er, »viel Arbeit ... und Hund eingewöhnen in der Stadt«, und so brabbelt er vor sich hin.

Nach einiger Zeit gehen die Weiber wieder, der Alte schließt erleichtert die Tür hinter ihnen. Dann sagt er: »Baffo, komm, Kriegsrat.«

Und das klang irgendwie ernst.

Lange redete er auf mich ein.

»Probleme, draußen, im Park ... streunen, nicht beißen ... Leben in den Griff kriegen ... wir verkommen ... muß mich konzentrieren ... Arbeit, ach, Alltag hat uns wieder. Die anderen Leute, in Mugnaga besser, weg von all dem Mist ... geht auch nicht, wie machen wir das bloß, Herrgott!«

Ich blieb vor ihm sitzen, bis er fertig war, denn er konnte es nicht leiden, wenn ich einfach wegging, während er redete, obwohl er gar nicht mit mir sprach. Er sagte das alles zu sich, und das ging ja mich nicht viel an, oder?

Ich entwischte ihm bei der allerersten Gelegenheit in

meinen Korb. Alle Mann an Deck, sagte der Alte dazu, aber heute zog ich den Kopf nicht ein, ich mußte seine Stimmung noch zu Ende riechen.

Von nun an gab es erstmal eine große Hektik in unserem Leben. Der Alte telefonierte noch mehr, kriegte noch mehr Besuch, »ich suche jemand, der Haus und Garten pflegt und lieb zu dem Hund ist«, sagte er. Zu dem Hund! Als ob er meinen Namen nicht kennte! Und er fand natürlich nicht so schnell jemanden, ja, der Alte ist schon wählerisch. Er schnappt nicht gleich nach jedem Angebot, er schnuffelt erstmal dran, das hat er, immerhin, schon gelernt. Es waren lauter Frauen, die sich da meldeten und kamen, alte, junge, dicke, dünne, dumme, liebe, eine ganze Menge, und eine suchte er schließlich aus. »Die macht mir einen guten Eindruck«, sagte der Alte, aber mir machte sie gar keinen guten Eindruck. Alle paar Tage rückte sie an und trug ein richtiges Sauberkeitsgesicht zur Schau, entdeckte jedes Haar von mir auf dem Teppich, jeden Fussel; eine Fußtappe, wie man sie eben aus dem Garten mitbringt, ließ sie sogleich zu Bürsten und Lappen greifen, kein Staub-Ecklein war vor ihr sicher, nicht mal mein Platz unter der Treppe, ausgerechnet da vertrieb sie meine heimeligen Gerüche, saugte und schrubbte, kleckerte alles mit stinkigem Zeug voll, garstig und ungemütlich, aber den Alten störte das nicht.
Die Frau hieß Anneliese, das sagte sie oft, »alsso ich, Anneliesse«, meinte sie, »habe einen ssolchen Haushalt noch nicht gessehen, Hund und Herrchen (Herr-

chen nannte sie den Alten) ssiemlich verkommen«, und sie lachte so breit, damit der Alte mitlachen sollte, aber der lachte bald nicht mehr mit. »Gehn'ss her, Doktorchen«, sagte sie auch, »halten'ss mal die Leiter«, und sie putzte die Fenster, sogar ganz oben, wo keiner mehr durchguckt, und »Herrchen« und »Doktorchen«, das konnte ja heiter werden ... Und der Alte stand bedröppelt neben der Leiter, traute sich kein Muckserchen, bis Anneliese die Fensterchen poliert hatte ... siehstemal, jetzt fang ich auch schon damit an.

Jetzt ging er häufiger weg, das mußte mit dieser Frau zu tun haben, und ließ mich oft allein, betrüblich oft. »Ich muß in die Redaktion«, brammelte er, »schließlich muß ich dein Fressen verdienen.« Mein Fressen! Und was heißt überhaupt verdienen ... Hat der Alte mich überhaupt verdient?

Und haben wir Anneliese verdient?

Die Frau machte mich völlig wimmelig. Legte ich mich hierhin, kam sie mit dem Staubsauger angebrummt, legte ich mich dahin, kam sie mit Feudel und Eimer; diese Anneliese. Sie hatte es einfach auf jedes Eckchen und Schränkchen abgesehen, besonders aber auf die Vorratskammer, in der der Alte ganz wichtige Sachen aufbewahrt. Also Geld, das in seiner Tasche klingelt, das legt er in die Kammer, in einen großen Napf.

Einmal, abends, guckte er sich den an, und er ächzte und schüttelte den Kopf, schmiß das ganze Klimpergeld auf den Tisch und zählte und stellte den Napf wieder in die Kammer. Jeden Abend machte er das

so, immer wenn Anneliese tagsüber da war. Und ächzte wieder.
Anneliese besaß noch ein paar Eigenheiten, so kriegte sie immer Hunger, wenn der Alte aus dem Haus ging, fraß den halben Eisschrank leer und erklärte ihm abends breitmäulig, daß sie das »liebe Hündchen« verwöhnt hätte, er, also ich, sei ja »soo nett«. Der Alte sagte immer nur »Jaja« und hörte nicht hin, kroch immer mehr in sich hinein.
Er wurde immer grantiger, und ich auch, denn von dem ganzen Käse und der Wurst kriegte ich nichts ab, sie steckte sogar einiges in die Tasche, weil in ihrem Maul kein Platz mehr war.
Nach einer Weile begriff er es dann, das heißt, erst hatte er so'n banges Gefühl, dann gab er sich einen Ruck: »Frau Anneliese«, sagte er, »wir brauchen Ihre Hilfe nicht länger«, aber von dem Geldnapf sagte er nichts, der Feigling.
Anneliese zog beleidigt ab: »Das lasse ich mir nicht bieten«, keifte sie, dabei hatte ihr keiner was geboten, sie knallte die Türschlüssel auf den Tisch, packte ihre Tasche, und es klimperte und roch nach Wurst und Käse, ganze Klingelschwaden, donnerte die Tür hinter sich zu, auch die Außentür noch, mit einem lauten Wumm.
»Die wären wir los«, lachte der Alte und hüpfte auf einem Bein durch die Wohnung.
Bald saß er wieder nächtelang am Schreibtisch und klapperte auf der Maschine, rauchte und telefonierte und kriegte Besuch, ging auch viel weg, kam aber immer wieder.

Laß ihn, dachte ich, er wird schon wieder zu sich kommen.
Immerhin spazierte er regelmäßig mit mir draußen herum, gleichgültig, was für ein Wetter war. Schon mal ein Anfang für ein geregeltes Leben, das wollte er doch.
Wenn seine Arbeit nachts zu lange dauerte, rollte ich mich unter seinen Schreibtisch, möglichst viel Fuß erwischen, und deutlich schlafen, mit Räkeln und Jünzeln und allem, damit er dich einfach nicht vergessen kann. Das irritierte ihn, weil seine Füße unten keinen Platz mehr hatten, den hatte ich, und meist dauerte es nicht lange, bis er seine Klappermaschine endlich abstellte. Ein kurzer Abend- oder Nachtwatz war dann noch drin.
Park, wie schmeckst du uns in der Nacht! Überall hinterläßt man Botschaften, an denen die anderen, morgen, zu knacken haben, und der Alte kriegt auch frische Luft.

Das Schönste war der Morgen. Er schlief gern lang, und ich versuchte, ihm das abzugewöhnen, zu viel Schlaf macht blöde. Ich pattete oder küßte ihn schon früh wach, je nachdem, denn ich wußte, daß der morgendliche Ablauf – bis wir endlich hinauskamen – ganz schön scheußlich lang dauern konnte. Zwei-, dreimal jeden Morgen brauchte er meine Hilfe beim Aufstehen, nasse Nase oder Tappe, manchmal gar an der Decke zerren, dann stand er endlich auf, aber das bedeutete noch nicht viel, war aber wenigstens der Anfang vom Anfang.

Kaffee aufsetzen, Zeitung ausgiebig lesen, rauchen, so ging es in aller Geruhsamkeit weiter. Und wenn keiner telefonierte, das konnte sich ebenfalls hinziehen, endlich der Gang ins Bad. Da durfte man dann zu hoffen beginnen. Eine halbe Stunde vielleicht noch? Eine richtige Gewöhnlichkeit: Brummrasieren, Klohocken, Duschen, mein Gott, wie das dauerte, bis er denn endlich in Hemd und Hosen stieg, sein Blick aus dem Fenster, wie ist das Wetter, Jacke, Pullover oder Regenhaut? Ich sah es ihm an: Jetzt, jetzt war er bereit für die Welt draußen. Und meist stand die Sonne schon ziemlich hoch.

Von nun an konnte ich wieder eingreifen, bellen, die Sache beschleunigen. Bis er endlich die richtigen Schuhe gewählt hatte, wie das dauerte! Dann die schwierige Frage, Fahrrad oder nicht, welch eine Nervenprobe! Aber dann – endlich ging's los, raus, Park, Englischer Garten, Isarauen, einfach raus, los, hach!

Menschentage . . .

Das konnten stürmische, naßkalte Vormittage sein, an denen der Regen nach einer Stunde bis zur Haut durchkam, oder auch klare, sonnige Herbstwintertage . . . Erst die branstigen Stunden an der Isar, wo ich die wunderfitzigen Kaninchen hetzte, und die Gerüche all überall, kaltes Sonnenflimmern, ich hetzte auch ihn: Lauf, Alter! Los! Lauf mit mir.

Nur mit dem Fahrrad, da bestimmte er das Tempo, ich mußte auf ihn achten und hatte nicht viel Zeit, den Bäumen und Büschen hinzumerken: Baffo war hier.

Irgendwann rasteten wir für gewöhnlich. »Ich brauch'n Bier«, hieß das, beim »Aumeister« zum Beispiel, da war ein großer Garten mit tausend Tischen und Stühlen, und manchmal fiel ein Knochen für mich ab, oder ein Fetzen Wurst, oder eine Semmel mit einem Hühnervorderflunk. Es fiel nicht ab, »es fiel vom Himmel«, lachte der Alte verschmitzt, »ich darf dir deiner Erziehung wegen nichts geben«, egal, es fiel halt – vom Himmel – für mich ab.

Hauptsache, der Alte, er war dann ganz er selbst, dachte wohl auch viel über sich nach (natürlich, sonst hätte er mir ja seinen Braten und nicht die Fettreste gegeben), irgendwie stimmte er mit sich überein.

Menschen, fällt mir dabei wiederum ein, sind ganz klar dumm. »Meiner Erziehung wegen« eine Semmel auf den Himmel zu schieben... Ich meine, das ist doch *sein* Problem. Komischerweise war er aber gerade dann am liebsten, heilsten. Da riech einer durch!

Jedenfalls: Wenn wir draußen herumbummelten, war alles gut, einfach alles. Blätter, vom Herbstbaum gefallen, und du wälzt dich darin... probier das mal! Einfach wonnig. Und die Flüsse sind kalt, wenn dein heißer Bauch das braucht. Oder du keifst einen Schwan an – mein lieber Schwan, wenn du wüßtest, wieviel stärker du bist. Oder du kullerst dich nach dem Baden auf einer Wiese, und da liegt sowas schön Stinkiges, und du riechst tüchtig nach dem – doch halt! Nein, das ist nicht so gut, denn dann mußt du zu Hause unter die Dusche und stinkst statt dessen tagelang nach Seife.

Und mit dem Alten – also laufen, rennen, verfolgen. Er fuhr mir manchmal davon, und ich ließ ihn eine Weile, ich meine, der Mensch braucht mal ein Erfolgserlebnis. Dann strampelte er davon, guckte sich triumphierend um, wenn ich nicht ganz so schnell . . .
Ließ ich die Zunge seitwärts recht weit rauslappen – Gesamteindruck für ihn: total erschöpft –, fuhr er gleich langsamer. Menschen, auch mein Alter, reagieren immer auf die gleichen einfachen Botschaften.
Oder er raste wirklich davon, doch wenn es drauf ankam, hatte ich ihn schnell wieder eingeholt.
Und donnerte es – ich kannte ja den Weg nach Hause . . . Saß er auf dem Fahrrad, wußte ich: er würde mir folgen. Bei so 'nem Galopp ist die Angst nur halb so groß, und dem Alten wird heiß dabei. Und am Fluß, vor der Brücke zum See, kühlte ich mir, wenn es denn sein mußte, den Bauch wieder mutig.
Wege, in deren Nähe es gedonnert hat, gehe ich natürlich nicht zweimal, dann setze ich mich lieber hin und warte. Das hatte er bald raus: Nase schräg in den Wind, Po nach unten geduckt, also ich, und es dauert nicht lange: der Alte dreht eine kleine, zufällige Runde zu mir zurück, und auf geht's, nach Haus.
Er dachte sich natürlich Listen aus, fuhr allerlei schlaue Umwege, aber das gelang ihm nicht oft, und oft gab es diese Gewitter ja auch nicht.
An solchen Tagen gingen wir jeder unserer Nase nach, stromerte herum, ich in meiner Welt, er,

manchmal, in seinem Kopf, aber das ließ ich nie lange zu, ein Stups, und er war wieder auf meiner Welt, und zu zweit muß man mindestens sein.

Pflichten rufen auch.
Rückweg. Einkaufen für den Rest des Tages. Wenn er es vergaß, mußte ich ihm nur die Richtung vorgeben, setzte mich vor die Läden, nur die wichtigsten. Beim Metzger gab's, wenn ich »braaav« draußen blieb, eine Wurst.
Wen versorgt er eigentlich, dachte ich, er kauft ein für mehr, als wir sind, aber mir soll es recht sein, denn ich konnte damit mein kleines großes Abendgebet bestreiten: Alles, was der Tag nicht auffraß, wanderte in den Eisschrank, eine Art Heiligtum, ein Altar – davor muß man einfach beten: Nudeln, Reis, Reste aller Art opferte der Alte darin, bewahrte sie auf. Wurde dies alles schlecht, also gut, ich meine die Reste, kriegte ich sie, aber niemals sogleich.
Schnüffelte er mittags an sowas herum und stellte es an bestimmte Stellen im Schrank, wußte ich, worum es sich handelte: Wurst, die er niemals (Dank sei ihm!) wirklich zu Ende aß, Käserinde (die packen seine Zähne nicht), Sülzbraten (hält nur ein paar Tage, schmeckt aber erst dann) und wirklich gute Überbleibsel, die er mit einem kleinen Gebet in den Eisschrank legte. Er klopft sich dann auf den Bauch, sagt, ich will nicht (nachts will er dann doch leider oft und verringert meine Reste). Kurz: Der Alte und ich, wir beten beide still den Eisschrein an. Eine wahre Zauberkiste – er stellt was rein, und für mich kommt

was raus. Wenn ich mich geduldig und lange davorsetze und die Tür richtig anhimmele, dann merkt er das auch. Das ist unser kleines Geheimnis: Mal reagiert er darauf und gibt mir was ab, mal gibt er mir einfach so was, aber das ist eine andere Geschichte.

Der Ernst des Lebens

Ich vergaß zu sagen, daß die Stadt für Hunde äußerst unpraktisch gebaut ist. Nicht nur wegen der vielen aufgeregten Menschen, die schlimmer als eine Hammelherde durcheinander laufen, so daß man ihnen den richtigen Weg beibellen möchte. Nicht nur wegen der Straßen und der tausend gefährlichen Autos, die stinken und einem die Bewegungsfreiheit beschneiden – nicht mal Mopedfahrern darf man hinterherjagen.
Und nicht nur wegen der vielen Steine auf den Straßen, auf die ein ordentlicher Hund sowieso nicht seinen Haufen machen darf, so völlig ungedeckt, indiskret, vor aller Leute Rümpfblicken. Wir haben's ja noch gut, mit dem Garten (nur im Notfall) und vor allem dem Park, da stehen überall schützende Büsche, hinter denen man vergnügt sein Würstchen legen kann. Aber die meisten wissen nicht, wohin in der Not, und nur wenige können damit rechnen, jeden Tag mal richtig rauszukommen. Also da ist der Alte natürlich prima. Ich meine, wenn man das weiß, hebt man sich das Hundeei eben bis dahin auf...

Aber auch in den Häusern ist die Stadt falsch gebaut, du mußt dir das mal vorstellen, den ganzen Tag siehst du nur Füße und Beine, von Menschen, Tischen und Stühlen, das kommt dir nach einiger Zeit komisch vor. Auch scheinen die Fußböden in den Stadthäusern meist so geartet, daß keiner sich draufsetzen mag. Das ist putzig. Denn der Alte und ich, jedenfalls, und oft auch Gäste, sitzen eigentlich gern auf dem Boden, da ist man doch näher zusammen.
Die Stadt ist noch in anderer Hinsicht unpraktisch, irgendwie muß man hier ordentlicher sein, sauberer, pünktlicher, gehorsamer, und das führt natürlich leicht mal zu Streit oder sogar ernsthaften Zwistigkeiten. Ich seh' noch das Gesicht vom Alten, so'n richtiger Starrkopf, hat sich was ausgedacht, stand alles drin geschrieben ...
Er hatte Bürsten, Hakmesser und Kämme gekauft und eine riesige Hundeschere. Sein großes Gesicht war ganz faltig und klein, und bestimmt las er auch in meinem Gesicht: Jetzt geht's mir ans Fell. »Milben, Ungeziefer, Kletten«, tönte es aus einem Schwall von Worten mir entgegen. Dabei standen ihm Schweißtropfen auf der Stirn, und man sah ihm auch an, daß er Ernst machen wollte.
Er zeigte mir, erklärte mir jedes Folterwerkzeug, als ob mich das erleichtert hätte! Er gab sich zwar Mühe, das spürte ich, aber es schmerzte doch, besonders an Bauch, Po und unter den Achseln. Er schnippelte die Kletten raus. Mein Gott im Hundehimmel, wie würde ich danach aussehen? Dann kämmte er, dann kam die Messerbürste dran ...

Aber sie war zu schlimm, ich hatte fast schon eine Stunde durchgehalten, aber was zuviel ist, ist zuviel. Die ziepte so lausig, ich weiß auch nicht, wie es geschah, irgendwie schoß ein Blitz von Schmerz direkt in meine Schnauze, und ehe ich noch innehalten konnte, da, da, ja, da habe ich ihn gebissen, also meine Schnauze, ich konnte es nicht verhindern.
Er drohte mit der Bürste, machte sein ganz-schlimmernstes Augenrunzeln, herrschte mich an und rannte ins Badezimmer.
Ich blieb völlig verdattert auf dem Rücken liegen, kniff die Augen fest zu und dachte nur: Laß das alles nicht wahr sein, das tut ja noch viel mehr weh als dieser abscheuliche Kamm! Wie konnte das meinem Maul nur passieren, ihn, den Alten, meinen einzigen Alten, zu beißen? Nie, niemals werde ich wieder aufstehen können, ich sterbe, jetzt, sofort und auf der Stelle. Nie, niemals wird er mich mehr streicheln! Eine dicke fette Angst saß in meiner Kehle, kam nicht raus, ließ sich aber auch nicht runterschlucken.
Ich weiß nicht mehr genau, wie es weiterging, ich glaube, ich lag ein ganzes Jahr so auf dem Rücken, ich hab auch nicht mehr geschlafen, nicht gefressen, ging kaum raus, ich dachte nur, jetzt ist alles hin, mein Alter verkauft mich, ach was, er schmeißt mich in die Mülltonne, will nichts mehr von mir wissen.
Aber das machte er alles nicht.
Er hatte seine Wunde mit Pflaster zugeklebt, so einfach ist das bei Menschen, und er veränderte sich gar nicht. Und ich, mit meiner Angst und dem Trauerkloß, der sich in mir immer breiter machte – dafür

gab es kein Pflaster. Er hätte ja mal mit der Nase stupsen können, ja, das hätte vielleicht geholfen, aber sicher bin ich mir da nicht. Ich fraß nicht, atmete nicht, bewegte mich nicht und starb nicht – so ähnlich muß der Tod sein . . .

Eines Morgens schüttelte ich mir diese ganzen krausen Geschichten ab: links rum, rechts rum; ich muß mich um ihn kümmern, fand ich, und weckte ihn schon früh. Und da ging bei uns die Sonne auf, also nicht wirklich, sondern im Kopf und im Bauch, und der Alte guckte mich so freundlich an, daß all die schlimmen Gedanken plötzlich wegflogen, hui.
Es wurde wie immer. »Na«, sagte er, »alles klar wieder?« Vielleicht hing das damit zusammen, daß seine kleine Wunde geheilt war? Ich leckte ihm die Stelle und ließ ihn wissen, daß mein Maul das nicht bös gemeint hatte.
Er antwortete mir, auch er fände, wir sollten unsere Schwierigkeiten gemeinsam bewältigen, auch das Fell gemeinsam in Ordnung bringen, das sei viel besser, als mich in einen Hundesalon Mucki zu geben, wo doch die sicher auch nicht netter wären als er, und ein bißchen Pflege müßte nun mal sein, es bleibe dabei. Und Mucki: Wie das schon klingt!
Er fügte hinzu, daß er die Bürsten wegließe, er würde einfach schneiden, egal, wie räudig ich dann aussähe, wir wollten ja nicht auf Hundeausstellungen, und was die Leute dächten, sei ihm egal . . . Also das mit dem räudig klang komisch, der Rest aber ganz vernünftig.

Und so hielten wir es auch: Wo immer eine fette Klette saß, trat seine Schere in Aktion, weg damit, das tut nicht weh. Mein Fellpaket wurde mal links ein wenig leichter, mal rechts, und es geschah auch häufiger, daß Leute den Alten fragten, was das für eine Rasse sei (und mich damit meinten, mich). Na, der Alte ist mit seinem Maul ja auch ganz gut zu Fuß, statt Bierdie, was ich größtenteils ja bin, sagte er denen: »Scherdie«, und die Leute nickten und sagten »Aha« und wunderten sich, daß jetzt schon Hunde geboren würden mit richtigen schicken Löchern im Fell, die sollen sich doch mal selber angucken! »Punksetter«, sagte der Alte einmal und lachte. Das versöhnte mich diesmal.
Außerdem: Wenn der Alte vorm Spiegel steht und sein Fell beguckt, oben, oder wenn er aus seinem Menschensalon Mucki kommt, oder wenn er das Haarloch auf seinem Kopf entdeckt, genau obendrauf, wo bei den Menschenmännchen der Kopf durch die Haare wächst, dann wirkt der Alte auch nicht gerade glücklich. Das Haar, meine ich, ist doch auch irgendwie ein Stück von dir, also solche Gedanken hätte er sich auch ruhig mal machen können. Und dann, sagte ich mir, hältst du es genau wie der Alte, also wenn der sein Loch auf dem Kopf wieder mal entdeckt, dann streckt er sich die Zunge raus, lacht sich im Spiegel an, »Du wirst alt, Alter«, sagt er dann zuweilen, aber lacht dabei.

Später geschahen solche Zwiste eigentlich nie mehr, nur einmal. Und das kam so. Zecken sind ganz üble

Viecher; also ich mag ja eigentlich alle Tiere, aber Zecken, da bin ich doch dafür, daß man sich das nochmal überlegt; wenn's die nicht gäbe, wär's schon angenehmer. Normalerweise kriegt der Alte die gut raus. »Links-rummm drehn«, sagt er ganz konzentriert, und beim »rummm« hält er den Zeck triumphierend in der Hand, tut überhaupt nicht weh. Aber diesmal hatte er ein Büschel Haare mit erwischt, und da drohte ich, ganz wenig, hab kaum geschnappt, nur leicht.

Also, da hat er lieb reagiert. Zog mich einfach am Ohr, nicht doll, sagte nur »Duhu« und »das machst duhu aber nicht noch mal«, und da hab ich's gelassen.

Hach, dieses »Duhu« mochte ich immer wieder schudderig gern.

Seit er mich für einen Hütehund hielt, und er konnte und konnte von dieser Vorstellung nicht lassen, dachte er sich immer wieder ganz neue Spiele aus, die immer gleich waren, nur merkte er das wohl nicht, also wegrennen, Holzstückchen werfen, verstecken, genaue Regeln gab es dabei kaum. Ein schlichtes Spiel, nur in der Stadt ist es mit dem Finden, ist der Alte erstmal weg, nicht so leicht, da wuseln zu viele verschiedene Gerüche herum, und hinter denen kann sich ein Mensch schon verstecken. Dann zwick ich ihn, wenn ich ihn wiederhab', aber ganz leicht, daß ja nur kein Loch in die Hose kommt. Er gab sich auch große Mühe, unser Leben irgendwie zu ordnen. »In der Stadt«, sagte er, »ist es wie ein Korsett, alles muß

eingezwängt werden, du brauchst dein Chappi, und dafür muß ich eben arbeiten.«
Dafür! So ein Blödsinn, erstens schmeckt Chappi nicht, ich könnte mich auch gut allein ernähren, nur will er's ja nicht, im Park zum Beispiel oder bei Mayer-Murr vor der Würstchentür . . . Aber ihm muß das wichtig sein, denn er organisierte, machte und arbeitete, und manchmal ächzte er bei alledem, Urlaute quollen aus seiner Brust zum Maule heraus . . . Doch was ein Korsett ist, das weiß ich bis heute nicht.
Die Stadt, schließlich, ist noch aus einem anderen Grund blöd, der heißt Erziehung, und Erziehung ist, wenn du was tun oder lassen sollst, was du eigentlich lassen oder tun willst. Also völlig widernatürlich.
Ich gebe ja zu, daß man einige Sachen lernen sollte, aber nicht aus so blöden Gründen wie Tanten im Park, das war für uns so'n feststehender Begriff, weil die mal wieder meckerten.

Im Park ist ein großer Spielplatz für Kinder . . .
Eines Tages kletterten und wackelten da an die dreizehn Kinder herum, alle nur wenig höher als ich, und die Frau, die das Sagen hatte, blickte einfach nicht mehr durch. »Klaus, lauf nicht da hin, Ina, komm her«, nörgelte sie und so weiter.
Nach einiger Zeit war sie nervlich ziemlich am Ende, weil die Kinder dauernd umeinanderwuselten und sich im ganzen Park verteilten; da wurde die Frau immer gereizter und schrie immer schärfer, schließlich japste sie vor Wut, bekam ganz rote Flecken im Gesicht und wurde still.

Da hielt ich es für meine Pflicht, ihr die Kinder wieder herbeizuschaffen.
Ich sauste durch den Park und hatte sie bald alle beieinander: Da saßen sie, es waren fünfzehn, ein paar Freunde noch dazu, im Sandkasten, einige waren ziemlich bammelig, aber alle zusammen, schön auf einem Haufen. Zugegeben, ich mußte bellen und fletschen und drohen, aber nicht ernsthaft, doch jetzt hatte ich sie alle da!
Was machte die Frau? Fast hätte sie mich noch gestört bei der Arbeit – rannte fuchtelnd dazwischen; »ogottogottogottogott« schrie sie, und »neinneinnein« und so fort, und versuchte, ziemlich käsig im Gesicht, mich zu verscheuchen, stell sich das mal einer vor.
Zwei der Väter, deren Kinder ich in dem ganzen Durcheinander auch mit zum Spielplatz getrieben hatte, führten sich ziemlich unangenehm auf, einer versuchte gar, mich zu treten. Doch ich blieb ganz ruhig, dachte nur: Mensch, hast du 'ne Ahnung, was ich mit meinen Zähnen anstellen könnte, paß lieber auf!
Einige Leute guckten nur amüsiert und verwundert zu, andere lachten, wieder andere versuchten zu beruhigen: »Das ist doch nur Baffo«, meinten sie. Die kannten mich wohl.
Die allgemeine Aufregung verstand ich überhaupt nicht. Statt einer Belohnung bekam ich nur ängstliche und böse Worte zu hören, kenne sich da einer aus.
Eine umfangreiche, ziemlich energische Frau hatte den Alten herbeigeplärrt; ich setzte mich erstmal hin, mal abwarten. Ich kenn' doch meinen Alten – und siehstemal, er enttäuschte mich nicht.

Er redete zuerst mit der Kinderfrau und erklärte ihr, was ich gewollt hätte – das hätte sie doch so auch begreifen können. Dann sprach er mit dem Mann, der mich beinahe getreten hätte, wir machten ihm vor, daß ich ein ganz braver Hund sei, der nur helfen wollte, und »mein Instinkt«, also ich weiß nicht genau, was er damit meinte.
Dann zu mir: »Komm, los, zu den Kindern« – und die hatten vor der ganzen Aufregung der Erwachsenen viel größere Angst als vor mir. Also, ich meine, ein *wenig* Angst gehört schon dazu, bei den Kindern, aber das *richtige* wenig, wenn man sie zusammentreiben will. Bei doller Angst, da rennt man ja weg, aber bei so einer netten kleinen, da läuft man eben nur bis zum Sandkasten, jaha!
Die Kinder, sagte der Alte, sollten mich ruhig streicheln, sie sähen ja selber, daß ich kein böser Wolf sei, und er erzählte ihnen eine lange und ganz und gar erstunkene und erlogene Geschichte: Er hätte mich auf einem Bauernhof kennengelernt, dort hätte ich Schafe gehütet. Aber der Bauer sei sehr hart und streng mit mir gewesen, und die Schafe hätten sich auch immer wieder überall verteilt, und nie hätte ich es dem Herrn recht machen können. Und er, also der Alte, hätte mich bei dem Bauern ausgelöst, und ich, also ich, würde nun immer Schäfchen hüten wollen, so richtig die Tränen konnten einem kommen bei diesem Lügenmärchen. Und Schäfchen hat er sie genannt, also die Kinder ... Wenn ich eines kann, dann Schafe versammeln, hach!
Und die machten denn auch *Ah* und *Oh* und große

Augen, und eines nestelte aus seiner Umhängetasche ein Leberwurstbrötchen und gab es mir.
Da hatte es sich schließlich doch gelohnt, neben all dem Spaß.
Die Kinderfrau schnappte noch immer nach Luft, aber sie war wohl froh, daß sie alle auf'm Haufen hatte. Sie hieß die Kinder zu zweit sich aufstellen, jeweils zwei faßten einander an, eins allein vorneweg, an ihrer Hand, und dann wackelten die alle aus dem Park und tuschelten und lachten. »Bei großen Hunden weiß man nie«, sagte sie den Kindern. Wie sie das wohl gemeint hatte? Natürlich weiß man bei großen Hunden nie, wäre ja auch noch schöner, aber was weiß man schon?

Der Alte und ich gingen die paar Schritte zu unserem Haus. Er hatte zwar die Augen offen, aber guckte nur nach innen, und deshalb sah er auch nicht, daß wir durch eine richtige Gasse von Leuten gingen, einige schauten uns kopfschüttelnd nach, einige freundlich, die energische Dicke sagte: »Ja, der Doktor und sein Hund, die treiben immer so'n verrücktes Zeug«; einige setzten richtig grimmige Gesichter auf.
Und der Alte sah natürlich auch nicht, daß die Kinder rote Backen hatten und Nasen – und nicht von der Kälte, daß sie glücklich und zufrieden waren und aufgeregt und zu Hause eine Menge zu erzählen hätten . . .
Er klappte das Gartentor hinter uns zu, erst jetzt schaute er wieder auswärts, und sagte ernst, das kenn ich sonst nicht bei ihm: »Mein lieber Freund, mit dei-

nen Parkstreunereien ist es jetzt aus; das dicke Ende kommt noch.«
Er grapschte mir kräftig ins Fell, und da wußte ich: In *seinen* Augen hatte ich nicht wirklich etwas falsch gemacht.
Und den Spruch vom dicken Ende würde ich mir merken müssen.
Und das dicke Ende unseres Parkabenteuers kam tatsächlich, um es gleich zu sagen.
Erst tauchten zwei Polizisten auf, das heißt, sie tauchten nicht auf, sondern klingelten an der Tür, wie es sich gehört, und verhandelten lange mit dem Alten, der immer verzweifelter und ärgerlicher wurde. Ich verstand auch nicht, weshalb, und verkroch mich lieber.
Dann kamen Briefe, die der Alte nur mit spitzen Fingern und stöhnend aus dem Kasten holte, es fanden Telefonate statt, die sich irgendwie um mich drehten, von Tierheim war die Rede, also wohl von unserem Haus. Das dauerte und dauerte, und der Alte trank mehr Schnaps als sonst.
Erst nach ein paar Wochen – ach ja, wir waren noch beim Tierdoktor gewesen, der hatte mir aber nichts getan –, also später einmal sagte der Alte sichtlich und riechbar vergnügt: »So, jetzt haben wir das dicke Ende hinter uns, da haben wir nochmal Schwein gehabt.«
Was für eine komische, verwilderte Sprache, aber Hauptsache, der Alte war wieder froh.

Menschentage, wieder

Das ist wieder eine ganz andere Geschichte. Die kündigte sich durch merkwürdige Veränderungen an. Ein Brief flatterte ins Haus, vielmehr ein Telegramm. Das roch schon so, das schnufferte sogar der Alte. Er nickte beim Lesen nur mit dem Kopf, holte sich, schon mittags, ein Glas Wein aus dem Eisschrank, meinte immer nur »hmhm«, saß da am Tisch, wirkte irgendwie bräsig und lasch, dabei konnte man sein Herz bis zum Dach hinauf bumpern hören.

Die nächste Phase seiner Seltsamkeiten begann mit Aufräumen, ging mit Einkaufen weiter, er bestellte alles Mögliche ins Haus, aber lauter andere Dinge als sonst. Der Eisschrank war bald überfüllt – und ein anderer Schrank auch: Mit Waschmitteln, Lappen, Putzzeug, und er benutzte das auch, bald roch das ganze Haus nach Seife. Der Alte war den lieben langen Tag unterwegs, mit Staubsauger, Besen, Eimer und Feudel, schwitzend, aber nicht fluchend. Er wirkte irgendwie aufgestört. Gegen so viel Sauberkeit kam nicht einmal ich mehr an. Er putzte sogar die Terrasse, mähte das Gras im Garten. Kurz: Drei Tage lang war der Alte nicht mehr der alte. Statt des Chaos auf seinem Schreibtisch lagen da jetzt die Zettel und Papierhaufen gerade gerichtet, er trug den Müll raus, schipperte leere Flaschen mit der Schubkarre in den Container im Park, auch die Berge von alten Zeitungen.

Er räumte sogar die Asche aus dem Kamin (die ließ er sonst lange drin) und schichtete sein kleines Indianerfeuer-Kunstwerk, wie er es nannte, auf: erst Zeitung, geknüllt, dann so'n Eierkarton, dann dünnes, dann dickes Holz, eigentlich schöne Stöckchen, aber die durfte ich nicht...

Vielleicht will er ein Fest feiern, dachte ich, unten, unter der Treppe, denn oben war ich nicht gefragt. Aber nach einem Fest sah es eigentlich auch nicht aus.

Als er mich völlig grundlos rief und mich so ein wenig oberflächlich kämmte, so fürs Außenauge, da wußte ich: Der kriegt Besuch, und zwar wichtigen. Vielleicht seine Eltern? Komisch, solche Gedanken hatte ich mir noch nie über ihn gemacht: ein Mensch, ganz allein, ist vielleicht seltsam, aber wir waren ja schließlich zu zweit, ich und der Alte. Also: Wer würde kommen?

Als wir Blumen kauften, das taten wir sonst nie, bekam ich so eine Ahnung. Im Garten blühte ja nichts mehr, die Bäume waren schon fast kahl, und er hatte die Blätter säuberlich zusammen mit dem letzten Grasschnitt auf die Beete geharkt. Ordnung auch hier, ungewohnt.

Er schaute nochmal durch alle Räume, knipste über-

all Licht an, betrachtete zufrieden das Ergebnis seines Wütens, räumte Bälle und Zerrlappen in meinen Korb, dann zündete er Feuer im Kamin an und setzte die Kaffeemaschine in Gang. Normalerweise trinkt er Kaffee nur morgens.
Er schien mir irgendwie abwesend und aufgeregt, das, zu gleicher Zeit, können nur Menschen sein.
Ich stupste ihn mit der Nase, um zu sehen, was mit ihm los war, aber er tätschelte nur meine Ohren und starrte ins Feuer. Er war nicht bei der Sache, jedenfalls nicht bei unserer, und in seinen Kopf ließ er mich auch nicht schnuffeln, alles zu, kein Zutritt, Eintreten verboten. Ich trollte mich wieder unter die Kellertreppe.
Dann schrillte die Klingel, lustig, fröhlich. Wer immer da kam: er meldete sich anders an als andere. Der Alte und ich sprangen gleichzeitig hoch und bellten. Nein, nur ich bellte. Er sagte: »Das ist Paula.«

Und da steht sie in der Tür, links und rechts Koffer und Tasche, läßt sie einfach fallen. Lange Haare, so wie ich, mit vielen Krissellocken, mehr als ich, aber nicht so grau, kleine Nase, o so winzig, Hosen wie ein Mann, erster Eindruck: riecht gut!
Dann umarmt sie den Alten, na, ich weiß ja nicht, läßt ihn gleich wieder los, als sie mich sieht, und schreit: »Neiinnn, du hast ja einen Köter, nneiiinn, ist der süß!« Meine Skepsis steigt.
Dann hat sie mich beim Wickel. Also Hundetricks kennt die! Begrüßt mich richtig. Mit Nasegeben und

allem. Aber auch diskret und gar nicht batzig. Skepsis weg.
Die kann bleiben. Jetzt fällt sie wieder dem Alten um den Hals. Als ich mal jaunzel, kniet sie sich wieder zu mir. Da winselt der Alte gleich wieder. Also, wir haben uns ziemlich babyhaft aufgeführt.
Paula hastet nach draußen. »Hol nur'n paar Sachen aus dem Auto.« Und kommt schwer bepackt wieder. Also die hat ein Tempo drauf! Und der Alte ist ganz schön langsam, fällt mir auf. Allmählich und doch blitzschnell füllt sich der Flur mit Gepäckstücken. Einige reißt sie gleich auf. »Du, ich hab dir was mitgebracht.« Aber der Alte hat keine Zeit, sich das anzuschauen. Denn gleich quasselt sie wieder los. »Ich brauch'n Schluck Wein.« Und: »Ist die Sauna an?« (Dabei hat er doch Kaffee gekocht, und die Sauna ist bei uns nie an, das ist doch nur mein persönlicher Duschraum . . .) Und sie muß ihm dies und das noch dringend zeigen. Und aus den vielen Koffern im Flur kommen noch viel mehr Sachen, die sich durch alle Zimmer verteilen. Seine schöne neue Ordnung, schießt es mir durch den Kopf, dahin. Dafür ist es jetzt fast wie früher. Bevor er aufräumte, meine ich. Also die hat ein Tempo drauf!
Endlich hocken die beiden vorm Kamin und reden und trinken Wein und lachen, erzählen sich tausend Geschichten, und sein Herz bumpert nicht mehr so stark, und ich bin auch nicht mehr abgemeldet.
Ich mußte nämlich mal, und das machte ich ihm klar durch das Große Gebet an der Terrassentür, du weißt schon: den Türgriff anhimmeln und ganz, ganz lang-

sam den Kopf drehen, aber nur den Kopf – »Mensch«, sagte er zu mir, »ich hab dich ganz vergessen«, und ließ mich raus. »Jetzt piescher du man in den Garten, morgen geht's wieder auf Tour!«
Ich wußte sofort: Er hat sich nicht wirklich verändert, ihm flog nur mal eine Wolke durch den Kopf, so 'ne Paulawolke, vielleicht.
Die hockten also vorm Kamin, ich legte mich dazu, in meinen Korb, eine Weile hörte ich ihnen noch zu, es klang alles reichlich unverständlich, aber einträchtig. Paula kann bleiben, dachte ich. Dann schlief ich ein.
Tief in der Nacht schaute ich nach ihnen, sie waren im Bett und wühlten da herum und konnten sich offenbar nicht einigen, wie sie lagern sollten, aber gezankt haben sie nicht, irgendwie versuchten sie übereinander zu liegen, wußten aber nicht, wie – zu blöd, statt sich einfach zusammenzurollen!

Morgens: Na, endlich haben sie sich zusammengemummelt. Aber es hilft alles nichts, jetzt sollt ihr aufstehen. Es war spät, jetzt mußten die raus, da gab's nix.
Aha, Paula steckte den Fuß aus der Decke, also konnte ich wohl da beginnen. Vorsichtig leckte ich ihr den großen Zeh, knabberte ein wenig, fast gar nicht, ich wußte ja nicht, ob sie kitzelig war und dann womöglich schrie. Sie murmelte Unverständliches in ihr Kissen, aber außer, daß sie den Fuß einzog, geschah nichts.
Also zweiter Grad: Vordertappe fordernd aufs Bett,

patsch, aber wieder reagierte sie nicht, meine Sprache würde ich ihr also noch beibringen müssen.
Nun zum Alten rüber, und gleich den dritten und vierten Grad, mit beiden Tappen und mit Schniefen und Nasenstüberkuß (naß und kalt und mit Nachdruck) – wer wagt, gewinnt.
Wußte ich's doch, der Alte verstand mich: Erst kam seine Hand aus der Decke in meine Richtung (an der mußte ich sofort ein wenig herumraufen und knurren, das ist der ziemlich letzte Grad). Dann tauchte sein Kopf auf, Blick zur Uhr, gähnen, ich sah schon, heute würde es schneller gehen, wurde auch Zeit.
Er tappte mit seiner Vorderpfote auf Paulas Decke, machte das auch so wie ich, mit dem Nasenstüber (er lernt, jaja), und siehstemal, beide standen auf, endlich.
Ich rannte vom einen zum anderen, daß mich nur ja keiner übersah, und ich erlaubte mir sogar, die Nasenspitze auf den Frühstückstisch zu legen, damit sie gar nicht auf die Idee kamen, mich wieder zu vergessen. Wir drei ratschten ein wenig miteinander, vor allem die Paula, die Alte, hätte ich jetzt beinahe gesagt, denn irgendwie schien es so, als ob sie schon immer zu uns gehörte. Sie babbelte zwar Kinderzeug an mich hin: »Bittu ein lieber Hund« und: »Na, dicker Moppel!« Sprechen mußte sie wirklich noch lernen!
Dann endlich ging's raus, los, hach! (Sein morgendlicher Ritus war ganz anders als sonst, aber das störte ihn offensichtlich nicht.) Ab, in den Englischen Garten.

Ein schöner kalter Tag, das Licht klar. Regen stand bevor, heute abend würde das Wetter umschlagen, das wußte ich.
Es machte Freude, zwei Menschen auf einmal, all die Zerr- und Bring- und Jagespiele mußte ich vor allem Paula beibringen.
»Guck dir den an«, sagte der Alte, »er probiert jetzt sein ganzes Repertoire an dir aus.«
Ich wußte zwar nicht genau, was das bedeutete, aber sein Ton: Der Alte verstand mal wieder überhaupt nichts.

Das Leben zu dritt ist jedenfalls ganz hübsch. Die quatschten miteinander, ich konnte eigenen Spuren nachschnüffeln und mußte mich nicht immer um den Alten kümmern.
Paula hatte irgendwie einen guten Einfluß auf den Alten, er verschloß seinen Kopf nicht so oft vor mir, ich konnte gut in seinen Gedanken herumspazieren, und so merkte ich, daß er zufrieden war, und bei ihr im Kopf sah es ähnlich aus, nur schneller.
Und Anzeichen dafür, daß ich da nicht mit drinsaß, also in den Köpfen, gab es überhaupt keine.
Ich sann darüber nach, woher Paula und der Alte einander wohl kannten, denn daß sie sich nicht erst gestern getroffen hatten, vermochte sogar ein Mops mit ’ner Nasenklammer zu riechen, drei Flußläufe gegen den Wind. Da fiel es mir plötzlich ein, wie konnte ich das vergessen! Das Haus in Mugnaga ... Da hatte es auch eine Zeitlang ein wenig so gerochen; ich meine, damals kannte ich den Geruch noch nicht, aber jetzt

begriff ich, daß sie das war, damals, in dem Haus, also dieser Hauch Paula.
Jetzt wurde mir einiges klar.
Vor allem, als Paula den Alten knuffte, einfach nur so, und meinte: »Du hast ja schnell Ersatz für mich gefunden.« Und zu mir rüber lachte (sie wird doch nicht futterneidisch sein?).
Der Alte wurde grün um die Nasenspitze, bekam rote Backen, räusperte sich umständlich (ob ihm der Knuff weh getan hatte? Ich glaube, nicht) und sagte in so'm ganz bizarren Ton: »Der kleine Kerl kam mit Blitz und Donner in meine Welt ...« Und er erzählte die Geschichte, Tatsache: Morgens war Paula abgehauen, und abends kam ich! Und fuhr fort: »Er (das bin ich, Baffo!) tut mir gut. Reißt mir das Herz auf, setzt sich ganz fett mitten rein. Einfach so. Scharrt auch einiges Moos aus meinem Graskopf, und das ist ganz gut so.«
Die Worte fand ich ja etwas gestelzt, aber lieb ... naja, Alter!
Sie lächelte, hakte sich bei ihm ein, legte ihren Kopf an seine Schulter, und dann sagten sie lange nichts, waren ganz einträchtig, und ich war deutlich mit dabei.

Verräter!

Wir streunten durch die Gegend, wunderschöne Tage. Und irgendwie waren wir drei *eins*.
Es wurden herrliche Wochen, draußen wurde es zwar ziemlich naß und scheußlichschön matschig, und ich mußte immer wieder unter die Dusche (»Drecktappe«, sagte er, das hatte ihn früher nicht so gestört), und die Dämmerung setzte früh ein, aber einhellig blieb es doch, das war ja die Hauptsache.
Bis ... Ja, bis das Telefon schrillte. Der Alte hob ab, stotterte herum, sagte nicht die Wahrheit, das sah man, er würde die Termine »natüüüürlich« (daran hörte man, daß er log) einhalten.
Die Alte, also Paula, wollte ich sagen, saß verdattert dabei, wir schauten beide den Alten an, als er endlich den Hörer auflegte.
»Pflichten, Pflihichten«, sagte er mit so einer knirschigen Lustigkeit, die weh tat, so richtig kopfklappig, der Alte.
Ich schlich mal vorsichtshalber in meinen Korb. Die beiden quatschten kompliziertes Zeug. »Organisation.« Da, wieder das Wort ...

Der nächste Tag geriet auch prompt ganz anders, irgendwie scheußlich.
Der Alte stand schon früh auf, räumte Schränke aus, packte Koffer: Aha, fährt einer weg. Sogar die inzwischen saubere Wäsche aus Mugnaga. Was wollte er damit? Was willst du damit, Alter?
Ich legte mich auf jede neue Lage im Koffer, immer in der Hoffnung, daß er mich mit einpackt... Er sprach keinen Ton, blickte an mir vorbei, trug den Koffer – und noch einen – ohne mich raus, nahm Taschen und alles mit, aber mich?
Und ich?
Alter, höre mal!
Er verstaute alles im Auto, ich sah es vom Fenster aus. Er wird doch nicht grußlos? Fährt schon die Einfahrt raus... Nein, er schlurfte wieder rein, Mensch, Alter, spürst du mich nicht? Nein, sein Gesicht hatte sowas Versperrtes.
»Il Baffo«, sprach er.
– Es wird ernst.
»Du mußt jetzt Paula gehorchen und darfst ihr keine Sorgen machen!«
– Nee, warum auch, warum denn, Alter?
»Ich muß weg.«
– Aha, endlich kommst du rüber mit der halben Wahrheit.
»Und ich kann dich nicht mitnehmen.«
– Nein! Das mußt du!
»In Mugnaga, weißt du, werden jetzt Hasen und Vögel gejagt, es knallt alle fünf Minuten, und...«
– Ich halt's schon aus, wirklich!

»... du wirst von einer Angst in die nächste stürzen, es ist einfach nicht gut für dich.«
– *Bitte,* wenn ich Schiß krieg, dann geh ich in meine Ecke und zittere da auch ganz allein, nur nimm mich doch mit!
»Und ich brauch jetzt mal für ein paar Wochen Ruhe.«
– Die hast du doch auch mit mir, nur viel besser!
»Weil, ich muß, weißt du ...«
– Wenn du dich so verhaspelst, lügst du meistens, *muß* ist kein zwingendes Wort, sag wenigstens *bitte* oder so, hast du nicht gehört!
»... das Buch dringend zu Ende schreiben.«
– Aber du hast doch schon nächtelang auf der Maschine geklappert, bevor Paula ...
»Paula bleibt hier, bleibt bei dir, und paßt auf dich auf.«
– Ist sie schuld daran, also???

Ich versuchte alles, Kopf schief legen, links und rechts, Tappe an sein Knie, Schwanzspitze ganz unten wippen lassen, aber die will nicht so, wenn du ganz oben so'ne Ahnung kriegst, also Schwanzspitze nur so wenig, daß er's zwar merkt, aber kaum sieht, Ohren hängen lassen, ganz lang, länger geht nicht, Schniefen und Fauzeln und – um die Ecke setzen, und du guckst nur mit dem halben Kopf rum, mal bißchen höher, mal bißchen tiefer, je tiefer, desto mehr reagiert er drauf, immer. Aber heute nicht, Mist.
Nichts half, nichts, es blieb dabei, ich hab's irgendwie nicht verstanden, er hätte mir das schon erklären

müssen. Zum Beispiel so: Er wolle, müsse, solle einer Spur nach, irgendwas hinterherjagen, unbedingt, weil er mich dann hätte mitnehmen müssen, weil ich das ja viel besser kann als er, und ich hätte dir helfen könnenmüssendürfen, und sowieso wollen, Alter!
Plötzlich tat mir Paula leid, wie ich ihr leid tat, nämlich, und wie ich mir leid tat, Alter, du fügst uns, dir, Leid zu, hörst du nicht?
Hatte die Ohren eingeklappt, der Kerl, fuhr einfach ab, der Alte, einfach so, ohne mich, was ist er denn ohne mich?
Und ich?
Hat er mich angemogelt? Kommt nie, nie wieder? Er hat mich so enttäuscht, der Verräter. Bestimmt fährt er nach Mugnaga, mit der Wäsche im Gepäck, klar, ich bin enttäuscht, täusche mich nicht länger, heißt: Jetzt blicke ich durch, ich stand zwar noch drei Tage am Fenster, hielt Ausschau, ob er endlich fertig ist mit seinem blöden Buch, dann ahnte ich, es würde dauern.
Ist einfach abgefahren, der Schuft und Hundeschinder. Gewiß wird er an jede interessant riechende Ecke in Mugnaga pinkeln, wird mit meinem Lieblingsfeind, dem Schäferhund, streiten. Alter, ich warne dich, ich verlor einen Zahn am Gitter bei dem, soll dir das auch geschehen, und du sagst nicht nochmal »zahnluckerter Greis« zu mir, so nenne ich dann dich. Und der Alte wird auf meiner Lieblingstreppe sitzen, in mein Lieblingsdorf gehen, meine Lieblings*crosans* verputzen, du, mit deinem hoffentlich bald fehlenden Vorderzahn, alter Verräter, du, hoffentlich Zahnluk-

kerter! Sicher gibt es da wieder Donner und Feuerwerk, und du kriegst Angst und kommst ganz schnell gerannt, weil, bei Angst *mußt* du ja nach Hause, und ich wünsch dir die Pest aufs Haupt. Überhaupt: mindestens ein dickes Ende – und wenn es geht, noch mehr.
Ach, komm doch wieder, *bitte,* Alter.
Nein. Schluß. Aus. Sitz. Kackmist.
Siehst du meine Trauer nicht, Mensch, Alter?!

Paula blieb zwar da, war auch lieb zu mir, Knochen und Wiener kriegte ich jetzt mehr als beim Alten, vielleicht ist er geizig?
Aber irgendwie war sie halt nicht der Alte, obwohl . . .
Eigentlich verlief das Leben mit ihr angenehm, und ich nahm mir fest vor, den Alten zu vergessen. Ich stellte Paula manchmal auf die Probe, aber sie kriegte das immer hin. So streunte ich wieder im Park, wie vorher, bevor der Alte mir das verboten hatte. »Paula paßt auf dich auf«, hatte der Alte – hach! Ich wollte ihn doch vergessen –, hatte er gesagt, mal sehen. Sie ließ mich, aber dann rief sie mich. Und ich gehorchte, weil *du* mußt wohl auf *sie* aufpassen, dachte ich, das hatte der Alte wohl mehr gemeint.
Paula band mir auch nie die Leine um, so ging ich denn immer bei ihr, bei Fuß. »Brav«, sagte sie, als ob sie mich darum gebeten hätte, wo ich doch ganz freiwillig . . . Na ja, immerhin verstanden wir uns einigermaßen.
Ein-, zweimal mußte ich mich beim Schlachter vor die

Tür setzen, ehe sie begriff, daß wir Fleisch und Wurst brauchten, daß sie da rein müßte, weil jeder mit 'ner Wiener rauskommt, wenn *ich* davor sitze, also das ist mein »Geheim«, aber sie kommt natürlich mit zwei Wienern raus, und das ist wohl ihr »Geheim«.

Zuweilen war sie auch wütend, die Metzgerin hatte ihr einen ausgewachsenen Knochen geschenkt und gesagt »für den netten Hund vom Doktor, Sie sind das neue Hundemädchen, gell?« – Wütend, warum denn? So'n geschenkter Knochen ist doch was Schönes, Paula . . .

He, Paula, ich verzichte darauf, wirf ihn der zurück, an den Kopf, von mir aus, nur mach, bitte, nicht so'n Gesicht!

Einmal kauften wir auch im Nordseeladen ein, und da fiel direkt mal ein Stückchen Lachs für mich ab, hmmmm. Wenn Paula wüßte – oder wußte sie?

Überhaupt war sie gar nicht bange und immer fröhlich und guter Laune. Sie kaufte sich auch so dicke Stiefel, extra meinetwegen, die waren ganz bunt, aber sie ging ja auch jeden Tag raus mit mir, bei jedem Wetter, nicht so viel in die Isarauen wie der Alte, mehr durch Straßen mit Läden und so, aber überall kriegte sie was geschenkt, für mich, natürlich.

Mein Morgenei behielt ich oft bis abends bei mir, aber wenn es denn nicht anders ging, legte ich es in eine Ecke oder halb in so ein Geschäft rein, damit das nicht so auf der Straße rumlag, ich konnte ja nichts dafür, wenn ich nicht im Englischen Garten kacken durfte, also was sein mußte, mußte, war ja auch egal, Hauptsache, es gab irgendwo Ecken oder ein Stück Raseneinfahrt, und wenn das geschah, guckte Paula immer in die Schaufenster, bis ich fertig war, und tat so, als ob sie mich nicht kennte. Aber das nahm ich ihr nicht übel. War ja auch mein Geschäft, nicht ihr's.

Nur einmal gab's richtigen Krach, ganz ungerecht! Wenn schon der Alte nicht da ist, dachte ich mir, und wenn wir hier aufeinander aufpassen sollen, dann auch richtig. Als sie schlief, legte ich mich einfach dazu, aber in unseren Teil vom Bett. Hat die geschimpft! »Willst du wohl raus da!« Wollte ich zwar nicht, mußte aber.

Und dann nochmal, als ich an des Alten Kissen mit ihr zerren wollte.

Und dann nochmal, als ich ihr die Schuhe versteckte, im Garten.

Und dann nochmal, das hing mit einem *Croissant* zusammen, das schmeckte ganz ähnlich wie ein *crosan*, und ich nahm doch nur die Hälfte, aber das ist eine andere Geschichte.

Sie spielte auch wirkliche Hundespiele, also sie nahm den Ball und rannte damit weg. Oder sie lief um einen Baum herum und forderte mich auf, sie zu verfolgen, das gab so ein Hin und Her, denn ich mochte lieber, wenn sie mich verfolgte, und manchmal mußte ich vor Vergnügen in ihren kleinen Po zwicken, wie wir das unter Hunden eben machen, und sie zwickte mich zurück. Also spielen kann Paula!

Sie erlaubte mir aber ziemlich wenig. Andererseits, fiel mir ein: Als ich den Alten kennenlernte, hatte er

auch solche Eigenheiten, Mucken, paßte ihm dies nicht und jenes nicht; daran gewöhnte man sich, was soll man schon machen.
Sie lernte auch, sich auszudrücken, bald hatte ich raus: *Báffo* bedeutete: *gleich geht's los! Baffò* hingegen, daß ich dabei war, irgendwas falsch zu machen, also nicht falsch, nur etwas, das sie nicht wollte oder nicht mochte.
Sie erzählte mir überhaupt viel, auch über sich und den Alten, und dann puckerte ihr Herz; wenn sie länger bliebe, dann würde ich auch in ihren Gedanken herumspazieren können, wie beim Alten, das ahnte ich. Aber soweit war es noch nicht. Immerhin verriet sie mir, daß sie den Alten gut riechen kann. Aber das wußte ich schon. Manchmal weinte sie dabei, aber sicher nur aus Freude, oder aus Trauer, daß er weg war, oder aus Vorfreude, weil er doch bald wiederkommen würde, oder?
Bei ihr gab es nicht so ein Gefühlsmischmasch wie beim Alten, ich konnte das auch bei ihm gut auseinanderhalten, aber Paula hatte so eine klare Gefühlskette, eine Perle neben der anderen, jede roch anders, alles war aufgereiht, ja, aber ohne jeden Faden oder Leine, nein, das nicht, bei ihr konnten die Gefühle so rennen wie ich beim Alten, mal ganz weit weg, für mich, mal ganz nah, bei Fuß, und mal ganz tief innen drin, aber alles ganz schnell, he! Hier bin ich wieder.
»Ihr beiden habt es gut«, sagte sie mal ganz leise zu mir und streichelte mich (hach! Paula kann streicheln, das mußte der Alte erst noch lernen), »bei

euch ist das Leben einfach, einer lebt weiterhin so, wie er will, der andere gehorcht.«
Ich verstand nicht, wen oder was sie da gemeint hat, denn miteinander leben heißt ja nicht, daß der Alte mir immer gehorchen muß, da soll man doch auch mal zurückstecken. Also in dieser Hinsicht war Paula ziemlich durcheinander. Aber Hauptsache, sie hatte den Alten gern, fast so gern wie ich. Und wie mich, klar.
Aber bei ihr wußte man nicht in jeder Sekunde genau, also, das änderte sich, beim Alten ist da so'n tiefer langer Ton, und bei ihr sind das helle, kurze, muß ich mal genauer hinhören, aber wenn sie ihre Nase nahm und mit diesem winzigen Stück an meiner Nase rubbelte, dann flogen alle Zweifel weg, da mußte ich keine Ohren mehr spitzen, da wußte ich blind: Paula ist ein Goldschatz, das Wort gefällt mir, ja.
Gerade sagte sie: »Ach, es ist gut, daß es dich gibt.« Und damit meinte sie nicht nur mich allein, sondern mich und auch ein bißchen den Alten, sogar ein wenig sich selbst; also das machte mich froh und stolz.
Ich sprach auch viel mit ihr, aber das verstand sie nicht so gut, sie hatte mehr so eine Art, sich ohne Wörter mit mir zu verstehen.
Solche stillen Momente, in denen wir unsere Seelen aneinanderlehnten, waren aber selten, meistens ging es bei ihr ziemlich hektisch zu, nie konnte sie stillsitzen, und das war auch gut so, immer was los.
Der Alte kann unheimlich tranbüdelig sein, bißchen langweilig, denn für ihn ist Spazieren im Kopf ganz ähnlich wie richtig Spazieren . . .

Vielleicht sollten wir drei zusammenbleiben, dann wäre immer was los, im Kopf und im richtigen Leben. Ja, das wäre gut.
»Baffo, du bist ein Kluger«, sagte sie in dem Augenblick. Ob sie womöglich Gedanken lesen konnte?

Ach, Paula!

Weißt du, Alter! Paula ist ganz anders als die anderen, falls du das noch nicht ahnst. (Ich muß immer an ihn denken.)
Als der Alte und ich durch die Gegend streiften, begegneten wir natürlich allen möglichen Herrchen und Frauchen, wie man so sagt. Und was für Gespräche die führten, diese Menschen!
Der Alte nahm um die meisten Leute bald Reißaus-Umwege, drehte unvermittelt ab, wenn einer in Sicht kam, den er nicht mochte, oder gab nur muffige und widerwillige Antworten; und nur, wenn er angesprochen wurde und nicht doch noch die Kurve kriegte. Um manche machte er besonders große Bögen.
Da gab es eine dicke Alte, eine Frau von Sowieso, die stellte sich immer wieder vor, so daß der Alte sie nur *Frau Von* nannte, aber sie merkte nicht, daß sich seine Nase dabei kräuselte, also die versuchte ihn immer ins Gespräch zu zerren, über die Sonne oder den Regen oder was es sonst gab. Gerade gestern vor paar Monaten fragte sie, ob ich denn schon die zweiten Zähne hätte.

Prustete der Alte los! Meinte, ich wäre doch kein Mensch, nur dritte Zähne hätte ich noch nicht, das wüßte er genau. Aber irgendwie befriedigte sie die Antwort nicht, sie ging nämlich reichlich mucksch und kopfschüttelnd weiter. Und der Alte hatte sich bestimmt nicht mal Gedanken darüber gemacht, was nun mit meinen Zähnen war. Der weiß davon gar nichts! Nur, daß mir vorne unten einer fehlt.
Oder der feine Herr mit dem hochbeinigen Hund, der den Schwanz immer so einzieht, also der Hund, den ich nicht leiden kann. Der Mann saß Tag für Tag mit einem Buch in der Hand auf der Bank, aber er guckte überall hin, nur nicht ins Buch.
Als ich mal ein Dackelohr beim Wickel hatte und es im Park richtigen Aufruhr gab gegen uns, da schnarrte der zum Alten: »Diese Viecher (meinte der doch mich!) sind eben völlig überzüchtet.«
Der Alte ärgerte sich (diese Viecher, ist ja auch nicht nett) und schnaubte: »Das Viech ist gar kein Rassehund!«
Ich fand, das hätte er nicht verraten müssen, ausgerechnet dem, mit seinem Windhund, *der* war bestimmt überzüchtet.
Das war er aber gar nicht, du hältst es nicht aus: »Mein Heiko«, also der Windhund, sagte der Mann, »ist auch nicht in Ordnung, wer weiß, was man früher mit ihm angestellt hat – ich nehme nie wieder einen gebrauchten Hund.« Einen gebrauchten, das hat er wirklich gesagt. Doch mal abgesehen davon und trotz »Auch«, ich konnte Heiko nun mal nicht ausstehen, aber gewiß gab der Mann ihm nur zu wenig

Bewegung. Und je mehr ein Hund »gebraucht« ist, desto besser.
Der Alte schaute mich an, roch wahrscheinlich, was ich mir so dachte, rief auch nur: »Komm, weiter«, und wir stapften ohne Gruß davon. Kannst ja nicht grüßen, wenn jemand sich einen neuen, ungebrauchten Hund wünscht.
Dann die Tratschen im Park, ich erwähnte sie ja schon, wie die immer aufgeregt sind, wenn ich mal versuche, bei einem Hundemädchen hinten drauf zu kommen, hach!, immer gehen die mit Schreien und Regenschirmen dazwischen, so klappt das ja nie, und ich darf nie ran an die Hündinnen. Einen Ärger gibt das immer! Und der Alte bekommt auch jedesmal seinen Teil davon ab, ob er denn nicht gefälligst besser aufpassen könne auf mich oder so.
Dann saß da immer so ein putziges Gammlerpärchen im Park, mit hochroten Nasen und Backen, die hockten dort immer auf der Bank, Tag und Nacht. Kochten sich was, auf ihrer Bank, und machten einfach in die Büsche, und die anderen Leute schimpften darüber fast noch mehr, als wenn ein Hund . . . Also, die schliefen da auch, eine schöne große Wohnung hatten sie!
Morgens waren sie eigentlich freundlich, und wenn der Alte gut gelaunt vorbeistiefelte, drückte er denen schon mal ein Geldstück in die Hand. Nachmittags kriegten sie glasige Augen, guckten gar nicht mehr. Vorvorvorvorvorletzten Sonntag fragten sie den Alten, was so ein Hund (sie meinten mich) kostet, wenn man ihn kauft.

Ja, einen Hund kauft man doch nicht, oder wollten sie mich dem Alten abkaufen? Kann man doch nicht! Sowas Dummes! Also, daß der Alte von da an lieber Umwege um die machte, verstand ich gut.
Im Park gab es aber auch ein paar Liebe, natürlich. Eine Frau zum Beispiel, die war auf dem Fahrrad richtig festgewachsen, ihren Namen sagte sie nie, aber sie blieb schon mal stehen, begrüßte mich und den Alten freundlich, hielt mit ihm auch ein Schwätzchen, so'n richtig nettes, wie das bei Netten eben ist. Außerdem führte sie Hunde mit sich, erst einen, dann drei, dann immer mehr, bis es ein kleiner Hundezug war, von klein bis groß. Wir trafen sie auch nicht nur im Park, im Englischen Garten radelte sie herum, bei jedem Wetter, wie wir, und da sagte sie einmal zum Alten, der zählte nämlich immer die Hunde und wollte wissen, ob wieder ein neuer dabei war, der Dummi, sieht man ja auf einen Blick, also sagte sie da zu ihm: »Ich kann halt nicht anders, ich hole sie aus dem Tierheim«, und da waren es auf einen Schlag drei, die wir noch nicht kannten, »Dachspudelmöpse«, sagte der Alte, aber das stimmte nicht; sie waren ein bißchen bunt, doch sehr lieb.
Tierheim: Also das muß ein wuseliges Zuhause sein bei der Frau, ich stellte mir das richtig gemütlich vor, und der Alte auch, denn er guckte der Frau immer so sehnsüchtig nach, obwohl das schon eine ganz alte war, und wenn der Hundetrupp loszockelte und alle um die Frau herumsausten, sah das zu komisch aus, »viel Arbeit hat sie«, meinte der Alte, als ob Hunde Arbeit sind... Ich meine, das ist doch der reinste

Spaß. Mummeln sich nachts alle zusammen, und nie ist es langweilig...

Torheiten muß man sich sonst von jedermann im Park anhören. So auch von dem dicken Bayern; der trug sommers wie winters kurze Hosen und machte dennoch großen Wind, schimpfte auf alles und jeden, vor allem auf jeden Hund – der in den Park kackte; ich meine, hm, irgendwo wird man sein Ei doch legen dürfen, das Thema hatten wir ja schon. Dabei ließ er selber alles Mögliche fallen, brennende Zigarrenreste, an denen ich mich mal schlimm verbrannte, Papier, Bierdosen und so...

Jetzt rede ich die ganze Zeit vom Alten, als ob der Verräter nicht weggefahren wäre!
Paula – bei ihr war das besonders schlimm, und ich mußte genau aufpassen: Dauernd wurde sie angequatscht, meistens von Männern, und ich hatte die größte Mühe, sie immer schön konzentriert bei Fuß gehen zu lassen; aber wenn ich mich ein wenig ungezogen aufführte – und ich kannte da so ein paar Tricks – dann verduftete solche Kerle schnell wieder, Ablenkung ist alles.
Paula war überhaupt anders geworden, wir verstanden uns inzwischen prächtig, und sie behandelte mich nicht mehr wie ein Baby, sondern wie einen richtigen großen, verständigen Hund. Ich ließ sie oft wissen, daß mir das gefiel, mit Nasenstups und meinem Paula-Freudensprung, das war einer extra für sie, mit allen Vieren auf einmal, das mochte sie, und sie strei-

chelte mich viel häufiger als der Alte, das muß ich wiederholen, weil das so wichtig ist. Paula konnte nämlich auch mit ihren Händen erzählen, da war die Stimme nur Begleitung, anschauliche Geschichten, beim Alten ging das alles mehr über die Augen.
Zum Beispiel bei Regenwetter: Wenn ich von draußen reinkam, guckte der Alte nur, und das hieß, auf einer winzigen Matte, die wahrscheinlich für Pinscher gemacht war, Platz nehmen, bis man trocken war. Paula ließ mich einfach so rein. Gut, sie wischte mal kurz hinterher, wenn sie paar Tappen auf dem Boden störten, aber nur dann. Meistens blieb sie ganz gemütlich.
»Du bist wohl hauptsächlich damit beschäftigt«, sagte sie mit ihren Händen zu meinem rechten Ohr, »den Parkdreck hier hereinzuschleppen.« Das klang so lieb, ja.

Eines Morgens geschah ein großes Wunder, das Licht sah schon so komisch aus. Als ich die Nase rausstreckte, war die Terrasse ganz und gar weiß, und vom Himmel taumelten weiße kalte Tropfen, aber leichte, kaum nasse. Ich rannte gleich raus und sprang herum; der Garten sah fremd und seltsam aus, aber er fühlte sich in meinem Pelz weich und gemütlich an, ich sauste durch die Büsche und ließ die auch schneien und wälzte mich in diesem köstlichen, köstlichen Schnee.
Das mußte Paula sehen! Die schlief noch, und ich schüttelte ihr den Schnee ins Zimmer, um ihr den zu zeigen und daß ich darüber so glücklich war und daß

sie jetzt aufstehen müßte und mit mir raus, ganz lange und ganz weit.
Erst quietschte sie, lachte aber gleich, und ich raste zum Flur und brachte ihr einen ihrer bunten Stiefel, rannte wieder raus und wieder rein: Komm, Paula, wir müssen raus, und das sofort, Paula.
Sie begriff das dann gleich, und wir stapften stundenlang draußen herum. Der Schnee lag nicht nur im Garten, nein, auch die Straßen und Wege lagen voll, und der Park, sogar der Englische Garten. Als hätte jemand die ganze Welt plötzlich weiß zugedeckt. Und es roch auch ganz anders als sonst, und der Autolärm klang gedämpft, und die Spatzen hielten ihre Schnäbel, sie saßen, aufgeplusterte Dickmöpse, unter schützenden Dächern.
Außerdem waren viel mehr Leute zu Fuß unterwegs. Die Autos standen dick eingemummelt und schneeweiß da, mit runden Buckeln. Paula muß das auch so gesehen haben, denn plötzlich sagte sie: »Schau, die Autos stehen gleich auf und schütteln sich.« Ich mußte darüber noch lange nachdenken. Dieser Ausspruch hat mich sehr verwundert. Autos können sich nicht schütteln, aber genauso sah es aus.
Paula kugelte sogar im Schnee herum, und sie und ich und alle Leute qualmten bei jedem Atemzug, aber es war kein Rauch wie der vom Alten, das roch man gleich, nein, mehr so wie eine lustige Wetterfahne.
Der Schnee schmeckte kalt und nach Luft, viel besser als Wasser, und er setzte sich auch in dicken Bollen an meine Beine, daß die ganz breit aussahen – das hätte der Alte sehen müssen, der immer so lacht, wenn ich

aus dem Wasser steige. Wenn ich aus dem Schnee steige, bin ich ein Eisbär, sagte jedenfalls Paula.
Schnee ist eben anders als Wasser, er fühlt sich so knistrig an, fast so wie das Gras in Mugnaga, wenn es ellenlang nicht geregnet hat, nur kalt, ja, so ist Schnee.
Und Schnee bringt noch etwas Schönes, Ideen will ich mal sagen. Mitten im Englischen Garten nämlich sagte Paula, mehr zu sich als zu mir: »Wenn es überall so schneit, dann kommt er sicher auch bald«, und mit »er« meinte sie ihn, den Alten natürlich, wen denn sonst.
Ich stimmte ihr jubelnd zu, guter guter Schnee, und in Mugnaga gibt's keine Heizung, nur einen Kamin, lieber Schnee, laß dich da bitte auch fallen, ganz dick und ganz kalt, dann friert sich der Alte den Arsch ab (das war so ein Ausdruck, den der Alte oft benutzte) und steigt ganz schnell ins Auto und ist wieder da, hach!
»Du bist eine komische Töle«, lachte Paula, sie mußte meine Gedanken irgendwie mitgekriegt haben. Aber natürlich bin ich nicht komisch und eine Töle schon gar nicht. Nur treu und lieb.
Und trotz der ganzen Paula hatte ich Sehnsucht nach dem Alten, und sie auch, das weiß ich.

Den Alten treibt der Wind nach Haus

In der nächsten Nacht schrappte jemand vor unserer Tür den Schnee beiseite, mitten in der Nacht, wir hatten den extra liegenlassen, ist doch schön, wenn er da bleibt. Und jetzt ist einer draußen, schaufelt (was soll das?) und flucht.
Ich dahin und bellen, das war eins, doch halt, das Schimpfen, dieses nette »Scheißkrakadunz« – so meckert doch nur – der Alte!
Durch mein Bellen war Paula aufgewacht, sie stand neben mir, im Hemd, am Fenster, ihre Hand um meinen Nacken; die Hand sagte: ich freu mich so.
Und bei mir, da freute sich einfach alles, draußen alles und drin alles, bis ganz tief, und Herz und Kopf und Schwanz sagten: ich berste gleich.
Vorm Haus legte der Alte einen Platz fürs Auto frei, winkte kurz zu uns hin und grinste wie ein, ja wie ein Schneekönig, Alter, König!
Nach vier oder fünf Ewigkeiten, ich hab' nicht mitgezählt, stand er endlich in der Tür, im Flur, im Zimmer, war wieder daheim, bei uns, stampfte sich links, rechts, den Schnee von Schuhen und Hose (mir ver-

bietet er sowas bestimmt), und Paula flog ihm um den Hals, hielt ihn ganz fest umärmelt, und ich ihm an die Knie, da sieht man das wieder, die da oben und wir hier unten, aber ein Knie ist auch was Schönes, besonders das vom Alten. Und dann beugte er sich runter zu mir, seine Nase schmeckte wie immer, so gut, nur kalt, und seine Ohren auch. Er war in Mugnaga gewesen, das roch ich durch den ganzen Schnee an seinen Schuhen hindurch, aber jetzt war er wieder da, und alles war gut, ich mußte nur noch mal seine Nase und die Ohren probieren, und er die von Paula, und beide wieder meine, also, ziemlich durcheinander, schön!
Dann ging er rasch wieder raus – sicher hat er uns was mitgebracht, dachte ich, als Entschuldigung für seinen ellenlangen Verrat, mindestens einen Knochen, so dick wie sein Knie, das sähe ihm ähnlich, und kam wieder, mit, ja, mit einem dicken Packen Papier, und er wedelte damit, als ob's was zum Essen wär.
Er behauptete, er sei fertig mit der Arbeit. Also, Arbeit, kann ich nur sagen. Hm! In dieser Form – darauf kann ich verzichten! Selbst die klitzekleinste Wienerwurst gefällt mir da schon besser!
Egal, das Haus füllte sich wieder mit dem Alten, seinen Sachen, seinen Gerüchen, seinen, unseren Gewohnheiten, Vertrautheiten, seinen Schnieflern, nachts seinem Grunzen, sogar sein Zigarettenrauch gehörte angenehm dazu, irgendwie. Der Alte ist wieder da, ob du's glaubst oder nicht! Oh, Mann!

Dann, also an dem ersten Abend, hockten die beiden wieder vorm Kamin, mitten, tief in der Nacht, und er erzählte, ich hab' nicht alles mitgekriegt, weil er mir dauernd die Ohren kraulte, aber seine Hand erzählte ja mit, Tatsache, beim Alten klappt das auch plötzlich, und mit dem Kopf auf seinem Knieknochen, an dem ich immerzu hätte nagen können, döste ich ein.

»... Katastrophe ... Kälteeinbruch ... mindestens fünfzehn Grad unter ... Wasseruhren geplatzt ... Oliven und Blumen kaputt, sogar die alte Bougainvillea ... mir hat's bald den Arsch abgefroren (ich schreckte kurz auf: siehstemal!), aber ich bin fertig, und es ist gut.«

Ja, es ist gut, fand ich auch, gut, daß du wieder bei uns bist. Alter Knutz!

Jetzt begann wieder die herrliche Zeit für uns drei!

Aber es entstand auch schon mal Ärger, so'n ganz leichter, ein Hauch, aber du riechst den. Hing das mit der Wohnung zusammen? Paula und der Alte spielten mit Wörtern, die drehten sich irgendwie darum, ich weiß auch nicht, immer sagte einer noch was drauf, sowas wie Gewöhnung und Verwöhnung, gewöhnlich und verwohnt, ich wähnte schon Streit, Quatsch, ich wollte sagen, sie rubbelten sich aneinander, aber nicht immer warm, auch schon mal rauh. Sie empfanden offenbar vieles verschieden.

Der Mensch, also mein Alter, ist ein Gewohnheitstier. Bei Paula ist das anders, sie hat die Gewohn-

heit, immer und jeden Tag alles neu zu sehen und anzupacken, oder auch nicht. Sie schleppt auch gern Leute herbei.
Der Alte hingegen ist lieber einigelig, er braucht feste Zeiten, so wie ich. Im Park, mit ihm, dort verstand ich ihn immer gut, und Paula, mit ihren Händen, die mochte ich auch.
Bei ihr war jeden Tag alles neu und anders, da konntest du dich drauf verlassen, und beim Alten war einfach alles so, daß du dich drauf verlassen konntest, aber nicht einfach, ich weiß nicht, jedenfalls knirschte es bei den beiden manchmal, richtig überflüssig!
Zum Beispiel in der Küche. Der Alte kocht sehr gerne, aber sehr konzentriert, fast andächtig. Also er steht dann da und denkt und kocht; und tut immer eins nach dem anderen; und probiert und schwitzt; und macht das irgendwie schlecht, denn nichts fällt ihm runter, nichts gibt es aufzuschlecken: langweilig.
Ganz anders bei Paula, sie singt und lacht und babbelt vor sich hin, dreht Musik auf, pfeift und kreischt auch schon mal, wenn die Nudeln überkochen oder das Fleisch anbrennt, hach! ist das köstlich, denn das krieg dann ich, und wenn sie wieder was anderes kocht, kleckert sie wieder auf den Boden, eine richtige Wonne, und der Alte verbrummelt sich dann mit so'm angestrengten Gesicht, und Paula streckt ihm schon auch mal die Zunge raus, das ist bei Menschen aber kein Hecheln.
Schlimm nur, wenn die beiden zusammen in der Küche stehen, da werden sie dann gritzig. »Laß bloß

meine Sauce in Ruh« (sie), oder: »Wie das Fleisch wird, kannst du ruhig mir anvertrauen« (er), oder: »Du hätt'st doch schon den Salat machen können« (er), oder: »Pfusch mir nicht mit deinem ewigen Pfeffer dazwischen« (sie), oder: »Was? Du hast das auch schon gesalzen? Na, denn guten Appetit!« (beide). Er nennt ihr's *Chaoskochen*, sie sein's *Streßkochen*, und so geht das weiter; und der einzige, der dabei wirklich Streß spürt, bin ich. Und Chaos sowieso.
»Kannst du nicht mal mit dem Hund raus, ich hab zu tun«, sagt der Alte zu Paula, aber bei ihr kann das dauern und dauern, gleich ist zwar besser, aber Hauptsache, ich komm überhaupt raus, und mit Spaß muß das Ganze auch was zu tun haben. Ich muffel dann so vor mich hin, und der Alte ärgert sich und stöhnt und findet, daß die ganze Welt nur von ihm was will, dabei will er was von der Welt, zum Beispiel, daß sie, also die Welt, ihn in Ruhe läßt, aber genau dann, wenn er das will, also wie soll die Welt das wissen? Deshalb muß man ihn immer und immer wieder stupsen, als Welt, als Paula und als Hund – als Hund hat man es da vielleicht leichter.
Und auch nicht.
Manchmal, wenn ich Angst habe, will ich einfach nicht mit raus. Der Alte überredet mich dann schon mal, aber Paula, also Paula ist das egal. »Ich laß ihn am ausgestreckten Arm verhungern«, sagte sie einmal, aber das meinte sie nicht so, sie dachte vielleicht: Wenn sie mich lange genug ließe, dann würde ich von allein zu ihr kommen und betteln, daß sie mit mir loszieht. Aber ich, hach!, habe ja noch meinen

Alten, er ärgert sich zwar, daß *er* nun wieder gefragt ist, und ich frage ihn ja auch nicht, aber er geht mit mir los, überzeugt mich mit Stöckchen und wildem Gebaren, was ihn anstrengt, aber raus geht er doch. Und ich dann mit. Siehstemal, denkt dann er.
Paula baut da vor; heute hat sie ihr Reißen im Kreuz, dann kriegt der Alte schon so ein Gesicht, und sie ermogelt sich auch andere Gelegenheiten, ich meine das Gegenteil: daß sie dann nicht mit mir in den Park muß, und der Alte stöhnt und ärgert sich wieder und geht mit mir raus und denkt, daß Paula ihm mehr abnehmen könnte, aber den Alten lasse ich mir so leicht nicht nehmen!
Ich weiß ja nicht, wer die Welt eingerichtet hat, sie ist jedenfalls äußerst unvollkommen. Da fühlst du, spürst du, lebst du so ein richtig fettes dickes Glück, und Paula ist gut, und der Alte sowieso, und dann pfuscht wieder einer dazwischen.

Mistikack, würde der Alte sagen.
Aber in Wirklichkeit sagt er, nach ein paar Wochen, und ich ahnte schon was: »Hör zu, Alter (ja, er sagte Alter zu mir), Paula hat auch Pflichten, wie du und ich, und sie will auch mal wieder ein bißchen für sich sein, und deshalb verläßt sie uns für 'ne Weile. Wir beide sind traurig (so lang sprach der Alte!), nein, ich glaube, wir alle drei, aber lieber kurz und schön als womöglich Knatsch. Weißt du, sie kommt schon wieder.«
Ich muß zugeben: Er gab sich richtige Mühe beim Erklären, immerhin mehr als bei seiner eigenen Ab-

fahrt, das mußte ich ihm hoch anrechnen. Aber die Gründe, die sahen doch etwas räudig aus. Pflichten ja, aber ... und für 'ne Weile, was sollte das heißen? Wenn alle traurig sind, dann gibt's doch nur eins! Und: Sie kommt schon wieder ... Na ja, damit wollte er *sich* trösten. Also, ein Kommen und Gehen ist das hier. Die mögen einander, also müssen sie doch immer zusammen –

Andererseits, fiel mir ein, wie hast du dich gefreut, als der Alte zurückkam. Das war nicht wie jeden Tag, und jeden Tag kannst du dich auch gar nicht so freuen, und jeden Tag nur Glück, das hält doch kein Hund aus. Sogar Streiten ist gut, weil du dich hinterher wieder verträgst. Aber ich ahne schon, wenn es jeden Tag gleich ist, und immer wie immer, und du wackelst mit dem Schwanz, und der andere sieht das nicht, oder du kommst mit trockener Nase, und der andere merkt das nicht, und nach einem Nassenasenstüber sagt der andere nur »Jaja«, nee, das weiß ich von uns, Alter. Zusammenleben kann ganz schön anstrengend sein, weil du jede Sekunde hinriechen und hinhören, den anderen eben mitkriegen mußt, jedenfalls wenn es wichtig wird. O wie gut weiß ich das, Alter, gerade bei dir, mit mir.

Und dann latschst du in deinem eigenen Kopf herum, von dort in dein Herz, und ich geh dir immer nach, bin immer bei dir, und du schmeißt mich nicht raus, ja, das ist doch Glück. Aber wenn *du* mir immer folgst, und zwar immer, dann bist du mir auch zu nah. Ich besitze dafür einen Korb, und wenn ich da reingeh, und alle Mann an Deck meine, dann meine ich

nur mich, nicht alle, nur mich ganz allein, und die Welt soll draußen bleiben, nämlich aus meinem Korb und mir, keiner soll mir dann was befehlen, keiner darf mein Fell schneiden oder gar mit Hakbürsten kommen, und wehe dem, der mir einen Knochen wegnehmen will, nicht mal du, Alter, darfst das.
Das wußtest du schon? Dann meinst du das so? Und Paula geht gar nicht weg, sondern nur mal in ihren Korb, irgendwie! Machst du das denn mit den Hakbürsten auch bei ihr? Oder geht sie nur fort, weil du auch in deinem Korb . . . Ah, ich glaube, jetzt weiß ich's: Ihr besitzt beide einen Korb, jeder für sich, nur stehen die nicht direkt beieinander. Vielleicht kaufst du mal einen Korb, der groß genug ist für uns alle drei, so einen richtigen, knörzeligen.

Paula fuhr ab, und wir alle drei haben sehr geweint, bei Menschen kann man das ja deutlich sehen. Hunde weinen natürlich ganz anders, ganz verschieden. Mit der Pfote oder mit der Schwanzspitze, das sieht fast so aus wie beim Freuen, nur völlig anders. Hunde weinen auch mit den Ohren oder der Nase, Hunde trauern eben mit dem Herzen.
Ein bißchen Rücksicht hätte Paula ja auch auf mich nehmen können, aber nein, sie fuhr ab, und das tat weh.
Mit ihren Händen an meiner Nase sagte sie mir zum Abschied: »Bring deinem merkwürdigen Alten bei, was er schon weiß, daß ich ihn lieb hab und daß mein Herz mit euch beiden zusammen auch größer wird.«

Ich hab dir das damals nicht erzählt, Alter, weil es mich in dem Moment so richtig glücklich machte, so rund, und das wollte ich für kurz, ehrlich, nur kurz ganz bei mir, ganz in mir drin, für mich behalten. Du, mit deinen Hundeaugen, wärst sowieso drauf gekommen.
Und ich brauchte mal einen kleinen Trost, der nur mir allein zugedacht war.

In der folgenden Nacht träumte ich einen Traum, ganz anders als sonst. Ich suchte den Alten, er war verloren, etwas trieb, zwang mich durch eine enge Gasse, ihm hinterdrein, durch einen dunklen Schlauch, aus dessen Wänden griffen Hände nach mir, he!, nicht an meine Ohren!, zupften, wollten mich nicht durchlassen, gerade schaffte ich es noch, dröhnendes Singen und gleißendes Licht wiesen mir den Weg, fuhr ich in einem Kahn?, aber wohin, ein drohender Berg tat sich auf, Schluchten, aber auch sanfte Hänge, und wieder: Zacken von Zähnen, wie Krokodilmäuler, klappten, unbekümmert lagen da Kaninchen, so groß wie Häuser, mümmelten mit ihren Rüsselnasen, daß ein richtiger Wind davon ging, und sie wackelten mit ihren Püppelschwänzchen, und ich konnte sie schnappen, ohne daß sie weghoppelten, aber ich biß sie nicht, plötzlich waren sie große Schneeberge, die ich küßte und die mich zurückküßten, und alle hatten Dampffahnen vorm Maul, die einzelnen Rauchfähnchen verschmolzen zu einer großen Wolke, die aber die Sonne nicht verdunkelte, merkwürdig, sondern abermals heller machte, strahlender. Und die Wolke trug mich hinauf, und sie knörzte wie mein Korb, aber sie war kein Korb, sie hielt mich nicht –

und

ich

stürzte

und

stürzte

und stürzte
und stürzte,

so tief stürzte ich, und meine Angst wurde immer schwerer und dicker, ein Kloß, so daß ich immer schneller stürzte, und ich würde zerschmettert werden beim Aufprall, ganz unten, aber –

da stand der Alte und fing mich in seinen Armen auf, und ich war eine kleine Schneeflocke, so 'ne leichte, taumelige, und da taumelten noch mehr Flocken, drohten zu schmelzen, und eine davon war Paula...

»Ist schon gut, Alter«, sagte der Alte und kraulte meinen Nackenpelz, und da war ich aus dem Traum wohl in die Wirklichkeit geplumpert, Träume, dachte ich dumpf, sind doch nur Geschichten, die man sich *nicht* ausdenkt, Spaziergänge im Kopf, wenn da etwas von allein spaziert, und sie war gut da, die Hand in meinem Fell, und seine Stimme, und der altvertraute Geruch, einfach schön, daß er da war, der Alte, im richtigen Moment, und wir zwei, in der Wirklichkeit und raus aus dem Traum, und Paula gehörte in Gedanken dazu, aber erstmal sind wir wir, und das sind er und, nicht zu vergessen: ich.

Ein Tod, aber ...

»Wir leben halt unsern Stiebel«, sagte der Alte, und das ging so, Wochen, Monate, vergnügt und heil (nur Paula fehlte uns, ja, uns beiden). Die Tage wurden schon wieder länger.
Und der Alte klapperte wieder auf seiner Maschine. Aber es wurde ihm immer leichter damit, das hörte ich.
Wir stromerten durch einen kalten, frühen Frühling, das roch man, bald würde die Sonne mit ihren kitzeligen Fingern die Knospen und Blätter hervorspringen lassen, im Garten waren schon einige da, Vorboten.
Dann, plötzlich, wieder mal mitten in der Nacht, schrillte das Telefon, nichts Gutes ahnend setzte ich mich auf und schaute den Alten an. Jemand am anderen Ende des Hörers mußte da sehr aufgeregt sein. Der Alte sagte nur immer »Ja« und »ja« und »wann« und zum Schluß: »Wir kommen natürlich.«
Wir! Das hatte ich schon spitz, daß *ich* und *wir,* wenn er das aussprach, zwei hundeverschiedene Dinge waren. Also wir. Aber was, weshalb, wofür, wohin?

Er stand auf, stiefelte auf und ab, redete mit mir. »Wir müssen nach Hamburg, alter Knutz.« Dafür hätte ich ihm eine runterküssen mögen! Aber dann fuhr er fort: »Meine Mutter ist gestorben, schon vor zwei Tagen, weißt du, und sie kann doch nicht ohne uns absegeln.«
Er schien aber gar nicht traurig dabei, vielleicht lächelte er sogar flüchtig, aber fröhlich, nein, das war er auch nicht. Seine Seele flog nur ganz woanders herum. Ich meine, ich wußte ja nicht, was das heißt: meine Mutter ist tot – und was tot ist, ich hatte ja gottseidank nur den Alten und mich, aber ich bemerkte irgendwas Fernes, Fremdes, Nahes, so wie man sich an etwas erinnern möchte und man kriegt es nicht mehr zusammen. Und irgendwie war alles ganz normal, nur bei ihm saß da so ein Knopf, hätten sie ihm das nicht zwei Tage früher sagen können, wäre doch viel netter gewesen, hatten sie ihn vergessen, und darüber war er diesen Hauch seltsam?

Wir stiegen also, immer noch mitten in der Nacht, ins Auto und fuhren ab, eine ewige, lange Sauserei. Paarmal schlabberte ich dem Alten von hinten übers Ohr, da quiekte er: »Hör auf, das kitzelt!« Und er hielt auch oft an, und wir machten Blödsinn, wie üblich – aber ich mußte immer wieder über das Wort »absegeln« nachdenken, fand jedoch nicht heraus, was es bedeutete, ahnte nur, daß es was ganz und gar anderes war als unsere gemütliche Autofahrt, fort von zu Haus.
Irgendwann, da war es schon hell, wurde der Alte

nervös, fuhr hastig und immer hastiger und brabbelte was von Uhr vor sich hin und: »Wir kommen zu spät, typisch.«
Dann waren wir offensichtlich da, und er wurde wieder friedlicher.
»Ohlsdorf, Kapelle sieben, aber wo ist das Ding?« brummte er.
Endlich hielt er, ein angeberisches kleines Häuschen stand da, tat viel größer, als es war, das wird was mit dem Absegeln zu tun haben, schoß es mir durch den Kopf.
Er, »komm!«, rannte schnurstracks auf das Haus zu, ich mit ihm. Ein ganz schwarz und mit so'm komischen Hut gekleideter Herr vor der Tür wollte uns anhalten, guckte mich entsetzt an, aber der Alte schob ihn freundlich zur Seite und machte die Tür auf.
Drinnen saßen viele Leute, und es quollen so säuselnde Pfeiftöne heraus, ich wollte schon wegdrehen, aber er beharrlich, starrköpfig: »Komm! Hier! Sitz!«
Er setzte sich auch gleich in die nächste Bank und ich mich ganz dicht neben ihn. Und als diese Pfeiftöne immer schriller wurden, ja, da mußte ich einfach mein Großes Abendheulen loslassen, obwohl es Morgen war, ich konnte nicht anders.
Das hätte ich wohl lieber nicht tun sollen, aber ich sing nun mal zu gern zu solcher Musik, das wußte der Alte doch, trotzdem versuchte er, mir das Maul zuzuhalten. Aber das gelang ihm nicht.
Da drehten sich alle Leute um wie ein Kopf – und

guckten vorwurfsvoll, er schaute ihnen offen und frei entgegen, zuckte bloß mit den Achseln.
Da konzentrierten sich alle wieder auf die schwere Arbeit, ein griesgrämiges Gesicht zu machen, nur einige drehten sich immer wieder heimlich zu uns um.
Die Musik endete, und einer redete endlos, alles irgendwie falsch, das merkte der Alte, einen glitschigen Bibber hatte der drauf, also der Mann in dem schwarzen Nachthemd.
Vorn stand eine große Kiste mit vielen Blumen und Kränzen, die rochen schon verwelkt. Ein Mann aus der ersten Reihe drehte sich mehrmals zum Alten um und fuchtelte, er solle nach vorn kommen. Aber der Alte blieb hocken und winkte ab.
Dann endete der Redner endlich, und es trampelten zehn schwarz gekleidete Männer herein mit kurzen Hosen, nur bis zum Knie, und mit weißen Kragen, wie Wagenräder, sie trugen Pluderkäppis und stapften alle im gleichen Schritt, einer gab ihnen Befehle. Sie hoben die Kiste an (»heeeebt annn!«) und trugen sie raus und stellten sie auf einen großen schwarzen Tisch (»Sääätzt ab!«). Alle zehn machten die gleichen Bewegungen und Gesichter. Andere trugen die vielen Blumen und packten sie auf die Kiste, nein, es waren dieselben, nur jetzt mit anderen Gesichtern, und die Kränze lehnten sie an die Kiste.
Die ganze Menge Menschen stellte sich dahinter auf, richtig ordentlich. Fehlte bloß noch, daß sie sich anfaßten und sangen. Komische Versammlung, die räusperten sich und schnieften, aber leider sprach keiner ein Wort, waren alle stumm.

Und dann rollten sie den Tisch – das war nämlich in Wirklichkeit ein schwarzverkleideter Rollwagen – langsam davon, alle Leute im Gänsemarsch hinterher.
Jetzt verstand ich das mit dem Absegeln, der Sarg schwebte auf dem schwarzen Tisch wie ein mächtiges Segelboot durch den Park.
Der Alte begrüßte paar Leute, und so marschierten wir eine Weile hinter dem schwarzen Blumensegelboot her. Zwei-, dreimal mußten wir anhalten, da wurde der Zug unordentlich, weil eine alte Frau mit zwei Spazierstöcken nicht hinterherkam, und ordentlich sollte der Zug wohl sein.
»Na, typisch«, sagte eine Frau zum Alten, »du mal wieder zu spät!«
»Kommt, streitet euch nicht«, sagte ein Mann, aber zum Alten meinte er: »Mit dem Hund, mußte das sein? Sollte wohl wieder einen deiner unkonventionellen Auftritte abgeben!«
Der Mann und die Frau und der Alte, das waren die, die als erste hinter dem Sarg gehen sollten, das wollten alle, seltsam.
Der Alte sagte nichts, aber das ganz unbeklommen.
Wenn ich mich umdrehte, und ich natürlich immer beim Alten, dann konnte ich sehen, wie die Menschen hinter uns die Ohren spitzten und vor lauter Kopfschütteln über mich nicht geradeaus gucken konnten.
Sie ließen den Sarg an Seilen in ein großes Loch hinab, wieder die schwarzen Männer (»laaaaßt ab!«),

und dann trat einer nach dem anderen aus der Schlange vor und schaufelte ein winziges Stück Erde hinein, aber sie bekamen das Loch nicht zu. Dann warfen sie die Blumen hinterdrein, aber damit ging das Loch auch nicht zu. Das schien die aber gar nicht zu kümmern, im Gegenteil, sie kriegten wieder ihre normalen Gesichter, als ob sie was Unangenehmes erledigt hätten, sogar die Stummen redeten miteinander – und verdrückten sich anschließend. Ich meine: so vergräbt man doch nicht, so halb, und das mußte doch wohl des Alten Mutter sein. Wenn Menschen was vergraben . . . irgendwie närrisch, und überhaupt eine närrische Versammlung.

Ein paar trafen sich dann noch, »der engste Familienkreis«, stellte mir der Alte vor, und mich stellte er denen auch vor: »Das ist Baffo, genannt Knutz, mein Schatten, Hofsänger und Beschützer.«
Alle lachten, und ich fand seine Worte auch richtig nett.
Die aßen dann und tranken und redeten »von früher«. Und lachten und auch wieder nicht, wie eine ganz normale Gesellschaft. Und auch wieder nicht, denn am späten Abend begannen sie *alle* miteinander zu zanken, der eine wollte dies, der andere auch, also ich verstand das nicht, es ging irgendwie um die Sachen, zwischen denen wir herumhockten, und einer wollte den Teppich, auf dem ich es mir gerade gemütlich gemacht hatte – da legte ich mich weislich woanders hin.
Dann wurde was verlesen, Testament hieß das. Der

Alte hörte sich das knochenruhig an, sagte bloß: »Na, da müssen wir ja nicht mehr verhandeln, schade, wo ich extra meinen Wolf mitgebracht habe, um euch einzuschüchtern.« So sahen die aber nicht aus, als ob sie sich von mir einschüchtern lassen würden.

Und zu mir meinte der Alte: »Ich bin enterbt, du armer Köter, nicht mal 'ne Dose Chappi für dich.« Er machte sein freches Griensgesicht dabei, und Chappi mochte ich sowieso nicht.

Der Alte, einfach eine Wucht: zeterte gar nicht, ich meine, er kann ja schon schimpfen, wenn er muß, aber er zog sich einfach in sein Herz zurück, nahm mich da mit rein, und da verriet er mir heimlich, still und leise:

Weißt du, Baffolo, ein Teppich ist für Menschen manchmal ein Zerrlappen, aber nicht als Spiel, sondern sie wollen den dann wirklich haben, besitzen, einen Teppich, verstehst du. Und um Stühle und Bilder und Gabeln, da zanken sich Menschen, wie du dich mit deinen schlimmsten Feinden im Park.

Ist das schlimm, daß du enterbt bist? hätte ich gern von ihm gewußt. Was heißt das überhaupt? Vielleicht haben sie deshalb die Sargkiste vergraben, damit keiner sie wiederfindet und es zumindest nicht *gleich* Krieg gibt? Aber das ist doch auch blöd . . . Wenn ich was vergrabe, dann doch nicht so, vor vieler Leute Augen, und dann muß das Loch doch ganz zu und schön versteckt . . .

Als ob der Alte meinen fragenden Blick verstanden hätte, versuchte er mir zu erklären, du mußt es auch nicht verstehen, es ist aber so: Da blieb ein großer

Kuchen liegen, und jeder beeilt sich, das größte Stück schnell für sich zu grapschen. Eigentlich ist es ganz natürlich. So, wie du dich um etwas balgst, sogar die Zähne fletschst, wenn jemand dir einen Knochen nehmen will.

Seltsame Gedanken wuselten mir durch den Sinn, also wenn ich mal was vom Alten erben will, dann nur sein Herz, und das kann er ja nicht enterben, was immer das sein mochte, denn das hab ich ja schon. Seine Mutter, das stand mal fest, hatte einen Kuchen gebacken, einen ziemlich großen, aber dann hat sie den Löffel versteckt, daß der Alte nicht ran konnte, an den Kuchen.

Aber so war es auch wieder nicht, wie mir der Alte erklärte: Meine Mutter hatte auch nur ein *Stück,* das Stück, das sie sich halt greifen konnte, als mein Vater starb. Und jeder kriegt immer nur ein Stück, und backt was dazu, oder einen neuen Kuchen, ob der nun groß ist oder klein, und einige haben gar keinen Kuchen, wahrscheinlich ist das am einfachsten.

Das ist ja, dachte ich staunend, eine Geschichte ohne Ende, wie langweilig!

Er nickte nur ernst. Ob er in meinen Gedanken herumspaziert war?

Ich dachte immer noch, der Alte läßt die balgen und steht dann plötzlich auf und ruft *Auuuusss!,* wie er das bei mir manchmal macht, und dann fischt er sich den Knochen oder den Kuchen oder was es ist.

Aber nichts dergleichen geschah.

Er stand zwar plötzlich auf, gab aber nur jedem freundlich die Hand, und schon saßen wir wieder

im Auto und brausten zurück, nach München. »Nach Hause, Knutzfiddelfaddel, bloß weg von solchen Geiern!«
Der Alte sang vergnügt vor sich hin, und er war ganz eins, und ganz meins und ganz uns, und wir in uns drin, ganz tief, mehr geht nicht! Schön!
Und in München wurde es oberschön, gigaschön, das Wort sagte Tobi immer, und der Alte war irgendwie leichter als vorher, aber nicht um seinen Bauch herum, da war er noch ziemlich rund.
Ich fragte mich schon, wann denn wohl wieder ein dickes Ende kommen müßte, das ist doch meistens so, aber das kam erstmal nicht.

Lauter Geburtstage, meine!

Der Alte guckte immer wieder zerstreut zum Fenster hinaus in den Garten und stöhnte darüber, was er noch alles erledigen müßte. Er rannte zwischen Schreibtisch und Garten hin und her, draußen war es inzwischen richtig warm.
Er sprach zwar nicht darüber, aber ich spürte eine große Sehnsucht nach meinen Lieblingstreppen in Mugnaga.
Plötzlich standen Anna und Tobi vor der Tür, mit einem riesigen Paket, jeder trug, links, rechts – zack, lag das bei uns im Flur, und Anna und Tobi grienten.
»Ja, was habt ihr denn da?« fragte der Alte mitten in unsere Begrüßung hinein, aber die mußte erstmal zu Ende gebracht werden, und so antwortete ihm auch niemand auf die dumme Frage, das würde sich doch wohl herausstellen, Hauptsache, die beiden waren da, da, wieder da!
»Eine Überraschung für Baffo«, sagte Anna nach einer Weile mit ihrem ernstesten Gesicht. Sie schüttelte sich die Haare nach hinten, legte den Zeigefinger auf

den Mund und machte *Pschpsch!* zum Alten! Wie Paula! Als ob sie uns foppen wollte.
Und Tobi lachte: »Wißt ihr denn nicht, was für'n Tag heute ist!«
Ich verstand gar nichts, und »nö« sagte auch der Alte.
»Also, heute ist doch der 17. April, oder?« fragte Anna. Der Alte ahnte was, so sah er jedenfalls aus.
»Und der Megagigasiebzehnte April«, erklärte Tobi trocken (Megagiga war auch ein Lieblingswort von ihm), »ist der Tag, an dem Baffo geboren wurde, oder habt ihr euch etwa nicht an diesem Tag kennengelernt?«
Jetzt prustete der Alte los: »Woher wißt ihr das? Das ist der Tag des Gewitters in Mugnaga, als du die Straße heruntergeschwommen kamst, Baffo«, lachte er.
Ich fand das nicht besonders fair, denn geschwommen bin ich ja eigentlich nicht, aber weil alle so fröhlich waren, freute ich mich auch.
Mugnaga, Mugnaga.
Aber was war in dem Paket?
»Mach's auf, wir helfen dir«, meinte Anna und riß es auf. Da drin war noch ein Paket, und sie riß es wieder auf, und noch . . . aber ich roch schon was.
Die wollen mich uzen, dachte ich, schon war das letzte Paket geöffnet. Kurzer Blick zum Alten, der hielt die Hand vorm Mund und guckte selber wie ein Geburtstagskind.
Was war nämlich im Päckchen:
Ein rundes weißes Kuchenbrot, und da steckte ein

Würstchen drin, wie eine Kerze, haben sie mir erklärt, in der Mitte, das war die Lebenswurst – und schmeckte!

»Hunde freuen sich wohl mehr mit dem Magen«, maulte Anna, aber da irrte sie sich, ausnahmsweise.

Der Alte kochte den Kindern Kakao, und wir hockten uns in einen kleinen Sonnenstrahl im Garten, erinnerten uns an Mugnaga und die Ente Teresa – und so wurde es noch ein richtiges Geburtstagsfest, meins!

Tobi schlug vor: »Laßt uns doch Teresa besuchen, wir haben noch Zeit, mit den Rädern sind wir schnell wieder da, falls Baffo das Laufen noch nicht verlernt hat.«

Ich kläffte gleich los und tanzte um die Kinder und den Alten herum, er sollte auch mit!

»Grüßt Teresa von mir«, schmunzelte der Alte, »ich hab noch zu tun. Wir fahren bald nach Mugnaga, da gibt's noch viel zu bedenken und vorzubereiten.«

Zu tun . . . Mugnaga! Na, egal jetzt, erstmal raus, zu Teresa.

Wir fanden Teresita aber nicht, vielleicht war sie schon vorgeflogen und wartete auf uns?

Am Kleinhesseloher See, also, so'n richtiger See ist das ja nicht, mehr so ein Tümpel, da spielte eine Schar Kinder mit Knallpistolen herum. Anna hatte das wohl schon gerochen, denn sie band mir die Leine am Halsband fest, »damit du nicht abhaust«, sagte sie zu mir. Und dann knallten die Kinder, nein, die Pisto-

len, und das schmerzte im Ohr und klang schlimmer als Donner, und mein Kopf wurde ein kleiner Kasten, eng, und die Vorderbeine zitterten, und die Hinterbeine wollten rennen, fort, nur fort von hier.
Ich weiß auch nicht, wie es kam, meine Hinterbeine siegten einfach, und ich lief los.
Ich hatte aber vergessen, daß ich an der Leine hing – und am anderen Ende Anna.
Tobi schrie irgendwas, und bautz, fiel Anna vom Rad, klirr, peng. Bin ich erschrocken! Ich war ganz durcheinander, ganz hin und her zwischen Wegrennen und Anna.
Und Anna hatte sich verletzt, direkt über der Nase war die Haut aufgeplatzt, und sie blutete. Da konnte ich doch nicht weg, das heißt, ich raste zu allen Leuten und kläffte und schrie, alle, alle sollten kommen und Anna helfen, und dann raste ich wieder zu Anna und fuhr ihr mit der Zunge übers Gesicht, wenn ich doch ein Pflaster hätte, warum ist der Alte nicht da, er weiß Rat, und ein fremder Mann verbot mir, Anna zu lecken. Eine Aufregung war das!
Nach einer Weile kam ein Krankenwagen angebraust, und Männer in weißen Mänteln legten Anna auf eine Bahre, hoffentlich segelt sie nicht ab!, dachte ich, und trugen sie ins Auto.
Anna lächelte tapfer, aber sie war ganz grün im Gesicht. Tobi rief ihr zu: »Ich bring die Räder mit Baffo nach Haus und warte dort auf dich!«
Das sollte ihm so nicht gelingen.
Ich fühlte mich ja irgendwie schuld an dem Schlamassel und schlüpfte schnell, keiner hat's gesehen, zu

Anna in den Wagen und machte mich da ganz klein. Das stimmte aber nicht ganz: Die hatten mich schon gesehen, aber einfach weggeguckt.
»Mach dich klein«, sagte der eine weiße Mann zu mir (das tat ich doch schon!), »es ist gegen die Vorschrift.« Und er tätschelte Anna die Schulter.
Ich weiß zwar nicht, was eine Vorschrift ist, es muß aber was Schönes sein, denn Annas Wunde blutete schon nicht mehr so stark, und sie streichelte mich. Es ging ihr besser, bestimmt weil ich bei ihr war.
Und meine große Panikangst war auch schon fast verschwunden.
Ins Krankenhaus durfte ich nicht.
»Du setzt dich hier vor das Auto«, sagte Anna fest und bestimmt, »und rührst dich nicht vom Fleck, bis ich wiederkomme!«
Das würde ich gewiß tun, ich würde sitzen bleiben, bis Anna käme, und wenn es hundert Jahre dauerte und immerzu knallte und donnerte.
Ich legte den Kopf auf die Vorderpfoten und sah sie vertrauensvoll an, sie wußte, daß sie sich auf mich jetzt und hier verlassen konnte.
»Die Leine ist weg«, sagte Anna zu den freundlichen weißen Männern, und die lachten nett: »Brav, großer Hund«, sagten sie.
Was brauch ich 'ne Leine, ich hab doch mich und meine Sorge um Anna, das ist doch Leine genug.
Nach einer ziemlichen Ewigkeit kam Anna wieder, diesmal auf ihren eigenen Beinen, ein wenig wackelig, gestützt auf einen Weißkittel, aber es ging schon. Auf ihrer Stirn prangte ein großes Pflaster.

Ich sprang gleich an ihr hoch. »Halt, halt«, wehrte sie mich ab, das ist *mein* Pflaster!«
»Na, dann werden wir das Frollein und ihren Wolf mal nach Hause fahren, es ist zwar gegen die Vorschrift, aber . . .« Der Mann blickte sich um, ob auch keiner in der Nähe war.
»Los, rein!« Und er schlug die Tür hinter uns zu, und Anna und ich gaben einander Nasenküsse.
Da wußte ich, daß *gegen die Vorschrift* was Wunderbares war!

Als wir beim Alten ankamen, stand der schon mit Tobi vor der Tür. Die hatten bestimmt im Krankenhaus angerufen und wußten, was los war, ich kenn' doch den Alten. Er sah sehr besorgt aus, das fand ich gar nicht gut, und auf herzliche Begrüßung reagierte er zerstreut, der Alte.
Anna verschaffte sich einen kleinen Auftritt. Sie hatte sich im Auto auf die Bahre gelegt, stand aber plötzlich auf und sagte: »Hallo, hier ist die Tote!« Zeigte auf ihre Stirn mit dem Pflaster und lachte stolz. »Sind nur drei Stiche!«
Jetzt prustete Tobi los. »Daß du *einen* Stich hattest, das wußten wir ja schon.«
Ich verstand das alles nicht genau, war aber froh, da auch der Alte erleichtert aufatmete.
Der Alte drückte dem weißen Mann einen Geldschein in die Hand und bedankte sich. Er wollte ihn noch »auf ein Glas« einladen, aber er winkte ab und meinte: »Nee, ich muß weiter. Alles Gute für Ihre Tochter!«
Tochter? Der hatte vielleicht 'ne Ahnung!

Anna gab ihm einen Kuß auf die Backe – das fand ich übertrieben, aber auch irgendwie gegen die Vorschrift, also nett.
Über die »Tochter« mußte ich lange sinnieren, warum gehörten Anna und Tobi eigentlich nicht dem Alten, also uns? Das wäre doch viel praktischer!
Bald kamen Annas Eltern und holten die beiden ab. Sie veranstalteten einiges Gekakel, aber nicht so schlimm, wie der Alte befürchtet hatte.
(Wie ich später selbst sah, blieb nur eine ganz kleine weiße Narbe in Annas Gesicht, genau zwischen ihren Paula-Augen, und wenn ich die mal lecken durfte, also die Narbe, dann hatten wir immer so schön heimelige Gedanken und mümmelten uns ganz dick in unsere Herzen, mal in ihrs, mal in meins, wie es grad kam.)
Als ich mit dem Alten allein war, ging ich davon aus, daß er sich gleich bedanken würde, weil ich Hilfe geholt und Anna nicht allein gelassen und meine Angst, meine Riesenangst, überwunden hatte.
Denkste, Köter!
Er sagte bloß, daß er es nun doch mit der Angst bekäme. Aber das durfte er nicht! Das darfst du nicht, Alter! Denn vor der Angst habe ich noch viel größere Angst als vor Lärm und Knallradau oder sogar Streit.
»Immerhin«, sagte er, »gut, daß du nicht ganz davongeprescht bist, ich mag mir nicht vorstellen, wieviel Menschen du gefährden kannst, wenn du einfach über die Straße läufst, in Panik, wenn es knallt.«
Er wackelte mit dem Kopf und hatte da einen dicken

Knoten sitzen, den konnte er einfach nicht abschütteln. Wo doch alles so gut ausgegangen war!
Bald würden wir ja abfahren, dann vergäße er das schon wieder.
Und ich will mir ja auch Mühe geben, Alter! Nur, weißt du doch, wenn die Panik kommt und der Kopf geht zu und das Herz rast und die Beine wollen es dem Herzen gleichtun, dann ist das sehr schwer, nicht loszurennen, schwerer geht nicht!

Die Angst, weißt du, sitzt so tief wie die Angst mancher Menschen vor Dunkelheit, ist selber dunkel, aber die Dunkelheit vergeht ja mal, oder? Wenn der Tagvogel kommt, zwitschern auch die anderen Vögel, wie der Star zum Beispiel, sahst du ihn nicht, er schlägt mit den Flügeln, breitet sie aus, er macht sich groß, schreit aufgeregt, er tschilpt, pfeift, spottet, knarzt, klappert mit dem Schnabel, er hat Angst und gibt an, seine Angst gibt ihm Kraft, und die Sorge um sein Nest, auch, daß er sich den höchsten Mauerzipfel als Standort suchte, hörst du nicht, die anderen, Feinde, Angreifer, die Streitigmacher, da drehen sie ab, jetzt putzt er sich das Fell oder wie das heißt, er käkkert nicht mehr, nein, er flötet und singt, zufrieden, brabbelt in die Welt, die ihm ganz gehört. So soll es sein!

Endlich wieder Sommer

Wie ich vorhersah, vergaß der Alte diesen Zwischenfall bald.

Er hatte sich vom Arzt Pillen für mich geben lassen, die mischte er unters Fressen, und wenn es mir nicht gelang, die zu finden und wieder auszuspucken, wurde ich davon dösig und taumelig, aber nicht wie eine Schneeflocke, sondern dumpf, und nichts machte mehr Spaß.

Er gab das bald auf, so geht das auch nicht, meinte er. »Vielleicht wächst sich dat torecht«, er sagte das aber so komisch. Wir wäre es mit ein wenig mehr Mut, Alter?

Endlich kam der Tag, an dem wir nach Mugnaga fuhren, ich sah es wieder mal gleich, vor allem daran, was er einpackte.

Ich machte es mir hinten im Auto gemütlich und stellte mir schon Mugnaga vor, das Haus, die Lieblingsplätze, die einträchtigen Stunden am Hafen, den See, den richtigen See, nicht ein Tümpelchen, und das Krokodil links und den Elefanten rechts und die ganzen Buckel dazwischen, dann die Bäckersfrau und den lustigen Thomas vom Berg, und den Fischhändler Giovane, vielleicht gibt's wieder Lachs, und ich freute mich auf den Alten, denn in Mugnaga ist er den ganzen Tag fidel, und auf die ernsten, stillen Sekunden mit ihm, dem Alten, ganz allein, wenn wir in den Himmel staunen.

Der Alte hielt an. Aha, Halbzeit, das wird die Grenze sein. Ich stand auf und schaute, ob der Beamte von damals noch das gleiche dumme Gesicht hatte. Plötzlich keifte der Alte: »Kopf runter, Platz!, Baffo!«

Aber warum denn, wir haben doch keine Ente dabei! Ich hechelte ihn vorwurfsvoll an (hat er verstanden).

»Keinen Impfpaß«, zischte er.

Was war das nun wieder? Typisches Menschenwort, paßte mir gar nicht, aber ich hielt die Schnauze und legte mich vorsichtshalber hin. Wenn der Alte so'ne Stimme kriegt, dann brennt's.

Aber es brannte nichts.

Wir fuhren frei durch, und keiner wollte uns impfen, was immer das sein mochte.

Als wir zum See hinunterfuhren, kamen die vielen Tunnel, da roch es schon so vertraut, doch noch etwas roch, und man sah es auch, Alter, bist du blind und taub?

Man hörte es sogar: Angst, die Schwalben flogen tief und schrillten, die Wellen pochten mächtig ans Ufer und schrien: Laß uns rauf! Die Wolkengebirge jagten davon, sie mochten nicht vom Wind gepackt, ge-

zaust werden. Mensch, Alter, riechst du, siehst du das alles nicht? Wir müssen uns beeilen, nach Haus!
Jetzt grollte schon der Donner, ich würde mir Mühe geben müssen, nicht zittern, es einfach nicht zulassen.
Es goß und goß, es schüttete und prasselte aufs Autodach.
Wir kamen grad noch an, auf dem kurzen Weg zum Haus wurden wir pitschnaß. Ich lief gleich zu meinem Sicherheitsplatz unterm Waschbecken, da hatte ich ein nahes Dach über dem Kopf, und der Alte konnte nicht sehen, wie ich mit meinem Zittern kämpfte. Und wie das Zittern gewann, wieder.
Er lief durchs Haus, schlug die Luken auf, Fenster zu, »Mist«, brüllte er, »hier regnet es durchs Dach!« Aber mir war das egal. Draußen tobte es. Du mußt das Haus festhalten, daß es nicht wegfliegt, Alter! Die Wellen kollerten gegen die Kaimauer, das konnte ich bis in mein Versteck hören, durch die Bäume zischten Wind und Regen, es blitzte unaufhörlich, donnerte, und der Regen plamperte laut gegen die Fenster.
Die Himmel krachen wieder, dachte ich, nur gut, daß ich jetzt schon hier bin, selbst wenn die Beine gewollt hätten, sie hätten nicht rausgekonnt, und der Alte wuselte durchs Haus und mischte unter das ganze Ballern wenigstens ein paar vertraute Geräusche. Er machte den Kamin an, holte sich ein Glas Wein, trank sich eins und war ganz ruhig– »Komm, Alter (ja, das sagte der Alte jetzt häufiger zu mir), hier ist ein Knochen.«

War tatsächlich einer, extra aus München mitgebracht, lieber Alter!, und je länger ich daran kaute, also an dem Knochen, desto schöner fand ich es. Auch irgendwie eins.
Zumal der Donner aufhörte. Und das Huhlen im Haus und der Regen draußen – dagegen hatte ich ja nichts. Der Alte und ich kamen in eine richtig gute, gedankenverlorene Stimmung. Eins, das ist wirklich ein komisches Wort, dachte ich, es teilt eins gegen was anderes. Aber eins ist natürlich viel mehr und ganz was anderes, also das Wort ist größer. Eins bin ich mit dem Alten, ich meine, zwei sind schon eins, aber noch viel mehr kann eins sein. Der Donner, bei dem fällt das schon schwer, aber der gehört auch zu eins, vor allem, wenn du Angst bist, dann ist da auch der Donner drin, ja, und, so gesehen, ist das dann eins. Eins und alles, das hatte ich schon mal genau erkannt, aber jetzt fand ich alles, was *zwischen* einem und allem war, wichtig. Und das war doch ein schöner Beginn für einen zweiten Sommer in Mugnaga.

Eins ist noch vielfältiger

Eine Kinderherde, fiel mir ein, besteht aus vielen einzelnen Kindern, und wenn die alle durcheinander – und auseinanderlaufen, dann sind sie nicht eins, keine Herde eben. Das habe ich im Park gelernt, alle zusammen waren sie eins, trotz des dicken Endes, das wir dann gerade noch abwenden konnten.
Bei den Schafen damals ahnte, nein, wußte ich das noch viel tiefer, nur daß die anderen Hunde mich nicht ließen, sie wollten nicht bei ihrer Arbeit gestört werden, als ob das eine Arbeit wäre, das machte doch Spaß: du preschst hinein in solchen Schafhaufen, und der stiebt auseinander wie ein Blätterberg im Herbst, und dann sammelst du sie wieder ein, die Schafe, denn Blätter gehorchen nicht so, sie haben keine Angst, also du sammelst sie wieder ein, und dann sind sie eins, auch wenn sie tausend sind, und blöken und wuseln. So stell ich mir das vor.
Menschen und Tiere sind eins, das sieht man am Hirten, denn ohne den ist das auch nicht eins, und sieht man am Alten und mir, und von den Tanten im Park sehen wir mal ab.

Und Menschen und Menschen sind eins, jedenfalls manchmal und eigentlich, das ist zum Beispiel bei Paula und dem Alten der Fall. Und sogar wir drei, wir waren auch eins.
Wie ist das denn mit anderen Tieren?
Bei Katzen ist das schwer, und das ist auch unfair, denn Katzen können fliegen, fast wie Vögel, die Mauern und Bäume hoch und über Zäune, wo du davorstehst und bellst. Vögel gehören irgendwie auch nicht zu Tieren, oder doch, halt, nein. Die Schwalben, sie sagen dir Gefahr voraus, wenn sie schreien und niedrig fliegen, sie zeigen es ja, und so sind sie auch in dir drin, also eins. Sogar Katzen, mit dem Gedanken freunde ich mich langsam an: Wenn du sie jagst, und sie laufen weg, *wenn* sie weglaufen, dann sind sie eins mit dir, weil du sie jagst, und sie laufen weg, das ist ja dasselbe, *ein* Jagen und Weglaufen, und das kann man nicht trennen, weil: du kannst ja nicht nichts jagen.
Schlangen und Hornissen vor deiner Nase, das weiß ich, sind gefährlich, an deine Nase dürfen sie nicht, aber wenn du sie läßt, dann tun sie auch nichts, also eins sind sie irgendwie nicht, aber wenn es sie nicht gäbe, dann wäre es langweiliger. Der Alte schlägt ja auch keine Skorpione tot, er sagt nur »Achtung!« oder setzt sie vorsichtig aus dem Haus, so findet er, daß sie mit dem Mugnagagarten eins sein sollten.

Nur bei Holzwürmern ist das was anderes.
Wir hatten mal solch einen Kratzwurm im Tisch, man konnte ihn gut hören.

Der Alte sitzt da, schreibt was auf, schmeißt den Stift hin, legt das Ohr auf die Platte und stöhnt. Dann holt er eine Dose und, »geh mal weg, stinkt«, sprüht den Tisch von unten an. Lauscht. Setzt sich wieder an den Tisch und schreibt.

Dann schmeißt er den Stift wieder hin, ärgert sich. In der Tischplatte hört man es an allen Ecken rumoren, und der Alte sprüht den Tisch viele Male voll.

Am nächsten Tag liegt da ein großer Haufen Holzmehl, und der Wurm knarzt drin vor sich hin und sucht sich immer neue Ecken. Ich glaube, der Alte versucht ihn zu töten, ja, richtige Mordgier sehe ich in seinen Augen. Er schleppt sogar den schweren Tisch raus und sprüht den von oben bis unten voll Gift, und schleppt ihn wieder rein, setzt sich hin und schreibt und schmeißt den Stift auf die Platte und stöhnt.

So macht er das dreimal.

Und mehr geht nicht, fand wohl auch der Alte. Jedenfalls steht der Tisch wieder da, wo er immer steht, der Alte sitzt, wo er immer sitzt, nur schmeißt er keine Stifte mehr hin, und drinnen knuspert der Holzbock und schiebt alle paar Tage einen Haufen Staub raus.

Aber: Der Alte ärgert sich auch nicht mehr, er sagt: »Hast gewonnen, alter Bock«, also zu dem Wurm sagt er das. Und da sind sie auch irgendwie eins, zumindest haben sie Frieden geschlossen, und das ist ja schon was.

Nur mit Mücken ist der Alte unduldsam, da kann er richtig wütend werden, und mit Zecken, bei mir. Ich meine, Zecken sind zwar oft eins mit mir, das eins aber bedeutet ein ganz anderes eins als das eins, das ich meine.
Also, er dreht die Zecken raus, links rum, manchmal ein Tropfen Öl drauf, und manchmal ziept's, aber raus müssen die, weil: sie jucken. Zecken fallen vom Himmel, oder sie liegen da schon, genau da, wo du dich wälzt, zwischen blauen Blumen zum Beispiel, gemein!
Einmal war es besonders schlimm. »Zeckenpflücken« nannte das der Alte, mindestens siebzig Stück, das glaubst du nicht. »Das kann doch gar nicht angehen«, sagte er immer und immer wieder, aber ich weiß es genau: mindestens siebzig! Also, die Mordgier in seinen Augen, da habe ich sie verstanden. Und außerdem: Wenn unsere Menschen sich um uns kümmern, *das* ist dann eins, und irgendwie eins muß es ja auch mit den Zecken geben, und sei es nur so rum.

Dann gibt es Mäuse, mit denen ist das noch schwieriger. In München war das: eine winzig kleine Maus mit ganz großen Ohren. »Niedlich«, fand der Alte und legte ihr Haferflocken hin.
Jeden Abend, gerade bei Sonnenuntergang, spazierte die Maus durchs Haus, der Alte und ich lagen oft nebeneinander auf dem Boden und warteten schon. Dann kam sie auch, sammelte die Leckerbissen ein und verschwand wieder. Auch eins, wir mit ihr.
Doch das änderte sich.

Sie knusperte überall herum, grad so wie der Holzwurm im Tisch, besonders in einer Truhe, in der der Alte Papiere aufbewahrte, große Blätter und Bilder, und plötzlich wurde der Alte ganz fuchtig, riß die Truhe auf, jede Schublade, ja, da hatte sich die Maus doch ein Nest gebaut, und der Alte jammerte und schrie: »Oh, nein, das darf doch nicht wahr sein!«, aber wahr war es doch.
Die Maus hatte überall Papier abgenagt und sich ein gemütliches Körbchen draus gebastelt, so ein kleines, rascheliges.
Ich weiß auch nicht, mit dem Papier stellte er sich irgendwie an, und schniefte traurig. Aber Papier kann man doch wieder kaufen!
Einmal schnaufte er: »Die Maus, die nur Schmidt-Rottluffs fraß«, ich verstand das zwar nicht, aber Hauptsache, er lachte schon wieder, ein wenig.
»Warum hast du die Maus nicht verjagt?« fragte er mich vorwurfsvoll. Warum ich, bin ich eine Katze?
Er kaufte jedenfalls eine Falle, und kein Händler konnte es ihm recht machen, alle wollten sie ihm Fallen verkaufen, in denen die Maus getötet würde, erklärte er mir.
Endlich bekam er eine, wo die Maus ganz rein und nicht wieder raus ... Nach zwei Tagen hatten wir sie drin. Wir trugen sie in den Park und ließen sie frei.
»Farewell, kleine Rottluff-Maus«, sagte er fast zärtlich, und da war es wieder, dieses Heile, keine Mordgier, kein Ärger, mach's gut, aber mach's woanders, so habe ich mir das zusammengereimt.
»Die Maus hat uns deutlich ärmer gemacht«, sagte

der Alte, aber da empfand ich nun genau das Gegenteil.

Also die Menschen unterscheiden Tiere und Menschen und Tiere und Tiere, solche und so'ne, und das alles ist natürlich grundfalsch.
Zum Beispiel das winzige Mädchen, das letztes Jahr in Mugnaga auf mich zuging, mit einem spitzen Zeigefinger, genau auf die Nase, *nosenero* sagte sie immer wieder, und sie war grad genauso hoch wie ich, wenn ich stehe. Die Mutter lief herbei, aufgeregt, weil ich doch schon so groß bin, dann fröhlich, weil ich so lieb bin. *Nosenero* sagte der Zeigefinger des Mädchens immer weiter, und es konnte sich nicht beruhigen, es lachte, und die Mutter lachte, und der Alte kam dazu und lachte auch, und da lachte ich auch.
Jetzt schrie das Kind: *lingua rossa, lingua rossa!* Ich weiß nicht, was das hieß, Hauptsache, wir lachten, und das Lachen, das war wieder eins!
Wenn wir Sterne guckten, nachts, an warmen Abenden, der Alte und ich, er versuchte mir immer zu erklären, wie die zusammenhängen, aber da war ich mal schlauer als er, wie meistens. Diese gigamegavielen Sterne, die schwirren durch die Nacht, die vielen Sterne, ist doch klar, wie die zusammenhängen, sie sind eins, aber das sieht er mit seiner Brille ja nicht, oder doch?
»Jeder Stern ist eine Mücke«, sagte er einmal, »und jede Mücke hat einen eigenen Stern, so wie du einen eigenen Stern hast, alter Knaffknutz, und ich einen,

aber nicht jeder einen eigenen, denn jeder Stern gehört allen, weil keiner einem gehört...« Ja, da hatte ich das Gefühl, daß er es doch versteht. Und: Er hatte *Knaffknutz* gesagt, denn das ist es eben, *Knaff,* das bin ich, zärtlich, und *Knutz,* das ist alles in einem, ist alles, ich und der Alte und die Welt.

Und wir saßen immer noch vor dem Kamin, und der Donner war vergessen, vielmehr: der Donner war der Knochen geworden, den hatte ich aufgefressen, und war auch der Alte, war ich, eins kannst du nur sein, wenn du erstmal einer bist, der dann eins sein kann mit vielem oder sogar mit allem und vor allem auch mit sich, und im Kamin donnerten die Flammen aus den Scheiten, und der Holzbock oben im Tisch freute sich auch.

Der Alte kümmerte sich in Mugnaga viel um mich, mehr als sonst. »Wir arbeiten jetzt mal miteinander«, sagte er einmal. Und er achtete auf jedes Knallgeräusch und dann zugleich auf mich, ob meine Beine wohl wieder von allein wegwollten.
Mal kam er mit einem Stück Wurst, mal rannte er plötzlich los, aber woandershin als ich, so daß ich umkehren und ihm folgen mußte.
Und dann: »Du brauchst mal wieder Erziehung, du vergißt ja alles!« Beides stimmte natürlich nicht. Aber ich übte halt mit ihm. Wenn es wo schoß oder donnerte, gab es was zu naschen, oder er kam mit der Leine gelaufen, und ich übte, wie man ihn bei Fuß hinter sich her zerrte – ein neues Zerrspiel.

Er versuchte auch, mich abzulenken, oder mit scharfen Tönen, ja, das probierte er auch. »Hier!« schrie er, wenn ich unbedingt weg wollte, ach, weg mußte.

»Sein Problem wird größer statt kleiner«, seufzte er einmal vor sich hin. Verstand ich nicht, ich sah nur: Wenn er sich weiter so um mich mühte, dann würde ich noch durchdrehen.

Ich dachte mir natürlich Gegenlisten aus. Das klappte, wenn ich seinen Willen erahnte. Also bei *Sitz!* setzte ich mich, bei *Warte!* ging ich langsamer, bei *Leine!* setzte ich mich auch hin, bei *Aus!* – na ja, sehen wir mal –, jedenfalls bei *Halt!* hielt ich und bei *Jetztlauf!* lief ich los, obwohl das Ganze natürlich keinen Sinn ergab, denn warum hätte ich nicht anhalten sollen, wo doch weit und breit nichts da war, das mich zum Loslaufen veranlaßt hätte?

Auch hatte er keine Ahnung, er, mit seiner schlechten Nase, wie gut oder vielmehr wichtig etwas roch, wo man hin mußte, aber er: *Halt!, Sitz!* und *Leine!*.

Wenn ich versuchte, seinen schlichten Gedankengängen zu folgen, machte ihn das dennoch glücklich. Also auf *Paaaark!* lege ich den Kopf schief, links, dann rechts, das mag er, vor allem, wenn ich dann mit allen Vieren gleichzeitig hochspringe, das ist eigentlich mein Paula-Sprung, aber er hat dann das Gefühl, ich verstehe ihn.

Wenn ich drei-, viermal richtig verstanden hatte, was er wollte, folgte er mir brav oder ließ mich in Ruhe, Erziehung strengt eben an, nicht nur mich. Das meinte ich mit den Gegenlisten.

Wir saßen auch oft wieder auf unserer Treppe vorm Haus, guckten die Sterne an, das sagte ich ja schon, und hatten ganz liebe Gedanken. Dann war es schön, also mehr geht nicht! Und doch war da so eine Sorge bei ihm.

Ich kuschelte mich oft an ihn, und er sich oft an mich, meine Patte an ihn, seine Patte an mich, er lernte überhaupt mehr, mit den Händen zu reden, nicht nur mit dem Kopf. Ach, Paula!

Wann kommt Paula eigentlich? wollte ich zu gern wissen!

Aber er tat so, als ob er nicht verstanden hätte, hörte einfach weg.

»Wie es Anna wohl geht?« fragte er plötzlich.

He, ich sprach von Paula, Alter!

Aber Anna war natürlich auch ein schöner Gedanke.

Ellenlanger Gedanke über Kinder, Menschen, den Alten und übers Flunkern

Mit richtigen Menschen, mit Kindern meine ich, ist es ganz anders als mit Großen. Anna und Tobi: sie spielen mit dir Fußball. Ich habe ja zwei Füße mehr als sie, also stelle ich mich über den Ball, dann schreien sie und wollen mir eine gelbe oder rote Karte zeigen, aber sie tun das nicht, was immer das sein mag.
Manchmal gelingt es mir auch, einen spitzen Zahn in den Ball zu kriegen, und – zisch! – schon ist es ein dikker Lappen, den du schütteln kannst, dann brüllen Anna und Tobi zwar auch, aber sie spielen eben mit, mit so einem Ball, den du anfassen kannst mit dem Maul, spielt es sich viel besser, anders rollt er ja weg, das sehen Kinder auch so. Da spielst du Jagball und Zerrball, jedenfalls Pfffftball, und das ist schön. Große Menschen schimpfen gleich los und befehlen dir alles Mögliche, vielmehr Unmögliche, richtige Spielverderber.
Mit Anna und Tobi macht es auch Spaß, sich gegenseitig zu überlisten, Große sind da oft herrische Vorlautdenker, also mit Tobi kann man das prima üben:

Einmal lief ich mit ihm in den Englischen Garten, mein Gott, München ist so weit weg, aber hier in Mugnaga ist es auch schön, also in den Englischen, da mußt du erst mit mir durch den Park, und im Park liegen schon mal gebratene Hühner herum, jawohl, also lag da auch an dem Tag eins, jedenfalls ein Stück.
Tobi erklärte mir, warum ich es nicht fressen dürfte, »scharfe« Knochen, und er sagte »bitte«, bestimmt hatte der Alte ihm diesen Trick verraten, ich ließ das Huhn also wieder aus dem Maul, legte es hin und ging mit Tobi weiter.
Im Englischen Garten liegen natürlich auch Knochen, und da war so ein fetter . . . Tobi sagte wieder »Aus!« und so weiter, und er wollte mir den Knochen abnehmen, na, da zeigte ich ihm meine Zähne bis ganz hinten und bedeutete ihm: Das da, das ist mein Knochen, und den schluck ich jetzt runter, ob du nun willst oder nicht, und ich verzog mich ins Gebüsch und schlonzte mir den Knochen rein – und draußen schrie Tobi und schimpfte »Auuuuuuss!«, aber *Aus* war nicht, heute.
Mit Tobi bin ich irgendwie gleich zu gleich, und als ich aus dem Gebüsch kam, war er auch gar nicht mehr böse. Ein wenig verzweifelt, ja, aber nur wenig. Wir gingen bald wieder nach Hause, durch den Park mußten wir ja durch, und da lag noch der Hühnerknochen von vorhin, jedenfalls ein Stück. Und Tobi flehte mich an, »nicht den auch noch, der Knochen ist wirklich *Großes Nein!«*, ich guckte auch nicht hin, denn einen Knochen braucht der Hund,

beim zweiten kann man schon mal großzügig sein, und außerdem, wer weiß, vielleicht läge der nachher auch noch da.
»Brav«, sagte Tobi, brachte mich zum Alten und erzählte ihm, ich sei gar nicht brav gewesen, versteh das einer!
Vielleicht liegt es daran, daß Tobi dabei ist, ein Großer zu werden, und große Menschen wissen, im Gegensatz zu Kindern, von Hunden, jedenfalls wenn es um Knochen geht, nicht besonders viel.
Große Menschen, das hast du bald raus, bestrafen dich nur, wenn sie dich direkt bei einer Missetat erwischen, die Kunst besteht also darin: du darfst dich nicht überraschen lassen, jedenfalls nicht direkt. Läßt du also eine Zeit verstreichen, dann ist, zusammen mit der Zeit, auch die Strafe verstrichen.
Große saugen das aus Büchern. Wenn also einer ein Buch liest, das von Hunden handelt, dann verdrück dich lieber, weil man frisch gebackene Gedanken ja immer gleich umsetzen will, und setzen die sich nur ein wenig, also die Gedanken, dann werden sie auch gern vergessen, und du hast deine gewohnte Ruhe.
Überhaupt hast du als Hund immer das Gefühl, daß du von Menschen mit deren Maßstäben gemessen wirst, das ist, als ob du, als würde man, na ja, wenn man Glockentöne in Eimer füllen will, das paßt eben nicht rein. Und *das* finde ich auch zum Heulen.
Der Alte zum Beispiel, wenn er in einem Hundebuch gelesen hat und mich danach erzieht, dann sagt er auch brav nach ein paar Minuten: »Aha, jetzt wirst du unkonzentriert«, dabei ist er es, der nicht länger

als ein paar Minuten durchhält, so falsch sind Bücher, die Menschen über Hunde schreiben, dabei steht da, verriet mir jedenfalls der Alte, du sollst loben und belohnen, niemals schimpfen und nicht wirklich strafen, vier unbedingte Gebote. Hält sich bloß keiner dran... Überhaupt: Es müßten mal Hunde Bücher über Menschen schreiben...

Ich weiß nicht viel über Menschen, weil ich nur meinen Alten gut kenne, und der ist oft sogar ein richtiger Mensch, also ein Kind, meine ich, aber dennoch: Man muß wohl in die Geschichte gucken, wie Hunde sich den Menschen zum Freund gemacht haben...
Vor langer, langer Zeit, so lange her, daß Menschen sich nicht mehr daran erinnern können oder mögen, streiften die Hunde durch die Wälder und Ebenen, und die Menschen damals liefen hinterher, immer in der Hoffnung, daß eine Beute für sie abfiele. Zuerst verstanden die Hunde die Menschen nicht, die ja auch noch ganz neu auf der Welt waren, und Hunde gab es schon sehr sehr lange, was suchten die Menschen da draußen, fragten sich die Hunde und kuschelten sich ins warme Nest, während die Menschen große Feuer anzündeten, damit jeder Hund weit und breit sehen konnte: Kommt her, hier sind wir, wir brauchen euch.
Irgendwann hat denn auch mal ein Hund einen Menschen dazu gebracht, einen Knochen wegzuwerfen, also herzuwerfen, das war vielleicht der Beginn dieser seltsamen Bekanntschaft zwischen Hund und Mensch – und sicher eine Bestimmung für das weitere Verhal-

ten des Menschen. Der Mensch erwies sich auch als recht gelehrig, ja als eifrig, wenn man seine natürlichen Begabungen einsetzte und seinen Spieltrieb ausnutzte.
So haben wir Hunde über Jahrhunderte den Menschen zu dem gemacht, gebracht, was er heute ist oder doch sein könnte.
Er könnte zum Beispiel friedlicher sein, wenn er sich an die Regeln von Rudeln hielte, und Rudelregeln sind unbedingt wichtig fürs Überleben, es kann ja nicht jeder gegen jeden kämpfen, da kommst du ja um.
Dem Menschen mußt du daher ein Leben im Spiel gewähren, paar Pflichten, das reicht dann schon, mehr muß er nicht lernen. Loben ist alles – und etwas Sinnvolles beibringen, Strafen hilft da wenig, das Leben soll ja auch ein Spaß für ihn sein.
Zum Beispiel muß der Mensch unbedingt lernen, nicht überall seine Hinterlassenschaften zu verteilen. Und nicht alles wegzuwerfen, was ihm gerade einfällt. Das muß doch alles irgendwie sinnvoll bleiben.
Der Mensch hat nämlich auch viel, ach so viel, aus seinem Kopf weggeworfen, seit der Hund ihn an sich gewöhnte, die schönen alten mummeligen Geschichten, Mythen sagt der Alte, Erde und Himmel waren noch eins, und du mußtest nicht so weit hochgucken, und weil die Sterne jetzt so weit weg sind, will man sie immer und immer wieder in sein Herz reinkriegen, ganz tief, jedenfalls versuchen muß man es, denn sonst ist alles entzwei und du brauchst ’ne Brille, wie der Alte, und siehst doch nichts.

Aber das weißt du als Hund, Menschen muß man äußerst behutsam da hinführen, nicht zu schnell, sonst erschrecken sie.
Es wird noch lange dauern, bis sich der Mensch so weit hochentwickelt wie ein Hund, nein, bis zum Hund ist es noch weit, aber der Hund ist ja auch die Krone der Schöpfung, und was der Mensch alles *nicht* kann, das zeigt sich an seiner Intelligenz und seiner minderen Entwicklungsstufe, doch herabblicken darf man nicht auf ihn, er ist ja nur ein Teil von dir.
Er ist auch Teil der Natur, so muß man *mit* ihm zu denken lernen, und wenn wir seinen Lebensraum allzusehr einschränken, dann kommt es zu Menschenformen, die einander nur beißen, wenn du nicht rechtzeitig hinter einer Katze her denkst, na, dann kratzt sie dich halt. Förderst du den natürlichen Trieb des Menschen und bringst ihm alles positiv bei, dann wirst du nur selten erleben, daß er sich dir widersetzt. Ich seh ja beim Alten, was man aus einem Menschen alles machen kann!

Aber, muß ich gleich einwenden, die Menschen sind erfinderisch, so haben sie sich auch das Flunkern ausgedacht, da kommt doch kein Hund drauf!
Ich weiß zum Beispiel beim Alten, wen er mag, das ist ein Teil von ihm, ob er da nun freundlich oder unfreundlich ist, ob er das selber wahrhaben will oder nicht, also das merkt man doch. Ich kann unterscheiden, ob der Alte eine fröhliche Laune hat oder eine mit so einer Traurigkeit darunter, auch wenn er noch so vergnügt aussieht. Ich kann ganze Sätze verstehen,

und seien sie noch so kompliziert, du mußt nur in die Seele gucken – da siehst du: wahr oder nicht.
Der Alte sagt: »Soll ich dich mitnehmen« oder »Ich kann dich nicht mitnehmen«. Ja, sapperlot, darauf reagier ich doch gar nicht, weil ich gleich sehe, was er will, entweder er will mich mitnehmen oder eben nicht, der Rest stellt dich nur auf die Probe, und das gefällt mir nicht.
Fast alle Handlungen des Menschen (nein, des Alten, weil den kenn' ich) durchschaue ich ganz klar.
Umständlich und laut bereitet er sich zum Aufbrechen vor, aber er tut nur so und will gar nicht fort, dann bleibe ich, wo ich bin, und beobachte ihn, wie er mir zu verstehen geben möchte, daß er jetzt aus dem Haus geht, aber er will nicht weg. Er sagt sogar: »Englischer Gaaarrrrten!«, aber ich hör nicht darauf, weil ich auf was ganz anderes hören muß, eher sowas zwischen den beiden Wörtern.
Dann wieder merke ich genau, wenn er etwas vorhat, er guckt mich nicht an, tut so, als ob nichts sei, dann paß ich aber auf, und ohne mich kommt er nicht aus dem Haus!
Im Menschenkopf entsteht das alles ganz langsam, ganz dumpf, rein nach Instinkten, und man kann richtig zuschauen, wie das wächst, in seinem Kopf, aber er versucht, einen Flunkerhut drüberzustülpen, unter dem man nichts mehr riecht.
Als der Alte entdeckte, daß er mir nichts vormachen konnte, unternahm er Großversuche, wie er hinterher eingestand. Das ging so.
Viele Gäste. Plötzlich standen sie auf, verabschiede-

ten sich umständlich, und ihr Flunkern stand so laut und dick im Raum; ich schlief dann lieber weiter.
Oder anders, wie zufällig stand mal der eine, mal der andere auf, und der Alte ging ganz beiläufig raus, und er hatte vor, zu verschwinden – also: Menschen guckst du so leicht in den Kopf, rührend!
Ich machte aber auch meine Großversuche.
Ich sitz da und hechel, und der Alte weiß noch nicht, daß wir gleich in den Park gehen, zu nett, wie das mählich in seinem Kopf entsteht, erst Fetzen, dann der Gedanke, dann das ganze Bild, ich, also der Alte, ich will raus, dabei wollte nur ich raus, ich, Baffo!
Und wir gingen dann auch raus, Menschen sind sehr einfach.

Das klappte sogar um die Ecken. Ich liege im Garten unter den Olivenbäumen, sie flirren das Licht schön über mich, oben im Haus schnauft der Alte, und ich hör genau, was er in den nächsten zehn Minuten tut, ich hör auch, ob er sinnt oder ob er sich freut – oder ob er an mich denkt, wie ich hier unten liege und an ihn denke.
Es regnet leise vor sich hin, nicht trocken und auch nicht richtig naß. Unterm Vordach rascheln sich die Vögel zusammen, das ist eine wunderliche Stimmung, eigentlich ein grieseliges Wetter, aber gemütlich. Die Vögel hocken auch am Futterplatz, Feind an Feind, und doch eng beieinander, Sauwetter macht einig.
Plötzlich fährst du dazwischen und bellst und lärmst, die Pieperiche flattern aufgeregt durcheinander, müssen raus in den Regen. Du legst dich wieder hin und

schaust, wie einer nach dem anderen wieder einfällt, sich unters Vordach oder den Futterplatzdeckel rettet, dann sitzen sie wieder da, Feind neben Feind, und gickeln und gackeln und tun einander nichts. Und du, du allein kannst entscheiden, ob sie wieder raus müssen, spratz!, oder nicht. Hach, da fliegen sie wieder, und du guckst zu, wie sie wieder runterschneien, die Mätze.

Also, das ist schön, wenn dir langweilig ist, mehr geht nicht.

Und vor allem: Oben im Haus rumort der Alte. Du liegst im Garten und döst, scheinbar, und der Wind trägt dir alles herbei, in die Nase, was du wissen willst, die Fähre kommt, verläßt den Hafen wieder, der Gemüsehändler fährt durchs Dorf, und du mußt dich noch nicht mal bewegen. Die Bäckersfrau kriegt frisches Brot geliefert, das kriegst du auch geliefert, aber als Geruch.

Worüber Menschen sich wundern, worüber sie staunen, das ist für mich ganz selbstverständlich, die Gerüche bringen dir am meisten, der Nase werden die längsten, interessantesten und spannendsten Geschichten erzählt.

Nimmst du Nase und Ohr zusammen, dann hast du Abenteuer, Märchen, aber wahre, es *ist* da! Nimmst du noch das Herz dazu, dann ist da der Alte, wie er wirklich ist. Aber kommt noch mehr hinzu, zum Beispiel Donner und Blitz, dann bist du ausgeliefert, stellst dir nicht vor, daß die Sonne morgen wieder scheint, daß sie je wieder scheint. Dann mußt du denken, daß jeden Abend der große Drache kommt, die

Sonne frißt, und wenn er nett ist, spuckt er sie anderntags wieder aus, und vielleicht frißt der Drache, der hungrige, auch dich –
Oder der Nachtvogel kommt, und der donnert natürlich, ist ja klar, und er heftet mit seinem Lärm die Sterne ans Firmament, und wenn er damit fertig ist, dann holt er dich auch, und er nagelt dich auch an den Himmel – ach was, das sind ja nur Dunkelheiten in deinem Kopf, in Wirklichkeit paßt da oben der Alte auf, und wenn es einen Nachtvogel gibt, dann ihn.
Lieber alter Nachtvogel, ich habe manchmal so eine Angst, irgendwie. Wer soll mich retten, wenn nicht du? Wer kann mich retten, wenn nicht ich?

Aber morgen sitzen wir wieder am Hafen, und er schnüffelt, wenn drüben, am anderen Seeufer, einer einen Schmerz hat, zum Beispiel ein Kind, das so gern den Mond sähe, und es nicht darf, weil es schlafen soll.
Und ich liege hier im Garten, *und* wir gucken gemeinsam zum Dachfenster raus, *und* wir hocken am Hafen und sehen und riechen den Mond, *und* sind am anderen Ufer und trösten das Kind, spotten über den Nachtvogel, und keiner verbietet es uns, und das alles zugleich und gemeinsam: Er sitzt für sich und ich sitz für mich, jeder riecht was anderes, und wir fühlen einander doch.

Ich beiß mich so durch

Nur Menschen können so tun als ob, was anderes sagen, als sie meinen, Flunkern und Mogeln ist also menschlich. Auch ein Hund kann sich schon mal größer machen, noch größer als die Angst, wenn sie in einem drinsteckt, man zeigt schon mal die Zähne, auch wenn man sie gar nicht wirklich gebrauchen will, aber wenn es drauf ankommt, dann muß es seinen Weg gehen.
Mit Menschen ist alles ein wenig anders.
Will man den Menschen als Leiter oder als Begleiter?
Das ist keine Frage, die man sich aussuchen kann, das ist, sozusagen, eine urewige Frage, eine dauernde Kraftprobe, und wenn man sich davor drückt, dann hat man gar keine Beziehung, weder zum Menschen, noch zu sich selbst. Der Hund muß dabei natürlich mitdenken, das heißt, er muß auch mal großzügig über die menschlichen Unzulänglichkeiten hinwegblicken können.
Der Alte, zum Beispiel, dachte sich aus, daß er mir Aufgaben stellen müßte: Arbeit an der Angst, das war mehr als bloß Erziehung.

Er nahm eine Tasche, sowas trug er sonst nie, und steckte ein leckeres *crosan* hinein, aber so laut und deutlich, daß ich das gar nicht überriechen konnte. Dann sagte er eher beiläufig: »Komm«, und wir gingen zum Marktplatz hinüber, der zu dieser Jahreszeit ganz leer war, nur ein paar alte Leute mit Stöcken saßen auf den Steinbänken unter den Orangenbäumen, kein Hund und ausnahmsweise keine Katzen. Da wurde ich nicht abgelenkt und konnte mich gut auf das *crosan* in der Tasche konzentrieren.
Der Alte stellte die Tasche auf den Boden, befahl mir *Platz!*, und ich legte mich also neben die Tasche. Dann ging er und erklärte mir noch, er müßte dringend weg, ich sollte auf die Tasche aufpassen und mich ja nicht von der Stelle rühren.
Das erste Mal lief ich natürlich hinter dem Alten her, denn er war mir zehnmal lieber als die leckerste Lekkerei, vor allem konnte ich gar nicht ran, wegen der blöden Tasche drumrum.
Er erklärte mir das noch einige Male, dann hatte ich's geschnasselt, aber anders, als der Alte dachte.
Ich sollte gar nicht die Tasche bewachen, die war ihm so egal wie mir, er stellte die Tasche da hin, damit *ich* was lernte, von der Tasche, die Tasche sollte also mich bewachen. Das war nun doch zu blöd.
Aber es war eben auch ein Punkt, wo ich dem Alten seine kleine Freude ließ, also nachgab, denn ich sah, was der lächerliche Anblick einer Tasche, die auf einen Hund aufpaßt, ihm für einen kindlichen Spaß bereitete. Einmal wurde es *zu* langweilig, und ich trug ihm die Tasche hinterher, *da* freute er sich erstmal.

Auf die Dauer lernt man sogar ein paar Kunststücke, aber die Menschen mögen solchen primitiven Unsinn. Je verrückteres Zeug du machst, desto mehr loben sie dich, etwa, wenn ich dem Alten die Zeitung hole, bei Arturo, und sie ihm rüber zur Bank bringe, da bleiben die Leute stehen und freuen sich. Und meistens fällt auch noch was ab, ein Stück Wurst oder zumindest ein Streichler.

Mit anderen Hunden ist das alles anders.
Auf dem Weg von unserem Haus zu Arturo wohnte, das heißt, der wohnt da noch, ein großer Schäferhund, der ist aber eingesperrt, und deshalb nenne ich ihn meinen Lieblingsfeind.
Wenn wir bei dem vorbeitrappeln, führt der sich auf: rast hinter dem Gitter hin und her, fletscht und kläfft, was für ein Glück, daß ein Sicherheitszaun zwischen uns steht, denn ich mache auf der anderen Seite natürlich das gleiche, das gehört sich schließlich so, eine reine Frage der Umgangsformen. Wir sausen also den Zaun hin und zurück und belfern einander an, klappern mit den Schnauzen gegen das Tor, je doller je besser (ich verlor einmal einen Zahn dabei), und erst wenn der Alte mich ruft, lasse ich ab von ihm, meinem Lieblingsfeind. Einmal aber geschah etwas Überraschendes, ganz Schreckliches, ich freute mich schon auf den Morgenrempler, da stand der widerliche Schäferköter vor der Tür, ich dachte, mich rührt der Donner, allerdings sah ich gleich: Er war bei seinem Herrn an der Leine. Da wollte sich der, also der Hund, gleich auf mich stürzen, *obwohl* der Zaun uns

gar nicht trennte, ich meine, das war doch gegen die Spielregeln!
Der zog an der Leine und zerrte und drohte, na, sein Herr hat ihm was erzählt, wahrscheinlich auch von Spielregeln. Ich ging lieber auf die andere Straßenseite und achtete gar nicht auf ihn, weil mit einem, der keinen Regelbenimm hat, wollte ich nichts zu tun haben...

Dieser zweite Sommer in Mugnaga war besonders schön und verging so rasch, der Alte hockte zwar reichlich faul in der Sonne und rollte Gedanken in seinem Kopf, aber er ließ mich ziemlich in Ruhe. Nach der üblichen Spielerei am Morgen, solche Spielchen mit der Tasche und anderes Theater – aber der Alte konnte sich nie länger als fünf Minuten auf einen Vorgang konzentrieren, nur wenn es lärmte oder krachte, ein Auspuff, zum Beispiel, klang auch wie eine Kinderpistole – also nach solchen Beschäftigungen döste der Alte, dann lernte er für sich ganz viel, und das gab mir Mut: er verlor langsam, aber sicher seine Angst vor der Angst, und ich lernte das eine ums andere Mal meine Beine beherrschen. Ballerte es, guckten wir uns an, und der Alte sagte: »Zittern darfst du ruhig, weglaufen nicht«, und dann wurden wir manchmal eins in unseren Blicken und hielten uns aneinander fest und sperrten die Furcht einfach aus.
Der Alte ließ mich auch wieder allein durch die Berge streunen: er wußte, daß er sich auf mich verlassen konnte, um Hühnerställe machte ich einen großen

Bogen, auch um Männer, die einen Prügel in der Hand trugen.

Mittlerweile war es später Herbst, die erfrorene Bougainvillea hatte sich wieder erholt, wuchs wie wild, und die Rosen blühten, als ob sie dafür bezahlt würden, das war so'n komischer Ausdruck vom Alten. Aber die Luft war nicht mehr weich und lau, der kalte Wind pfiff schon durchs Haus, sogar der halbe Montebaldo war zugeschneit. Der Alte genoß Mugnaga, das sah man, er freute sich, daß kaum noch Menschen da waren, und mit dem schlauen Zeitungsverkäufer Arturo hielt er immer ein Schwätzchen, jetzt, am Ende des Sommers, sprachen sie in des Alten Sprache, sie unterhielten sich hauptsächlich übers Wetter, Arturo solle doch bei Petrus anrufen und dort mal mehr Sonne bestellen, und so Zeug. Auf dem See flitzten viele Segelboote herum, wenn der Alte das sah, dann muschelte er sich tiefer in seine warme Jacke.
Und der Alte entdeckte die Freuden der Landwirtschaft, wie er selber sagte, über die wild in den Mauern wachsenden Kapern konnte er sich freuen wie ein Kind, er erntete paar Weintrauben, kochte Feigenmarmelade, pflückte Rosmarin und Lorbeer, zuletzt packte er Kakifrüchte in einen Karton, als ob es sich um rohe Eier handelte.
Bald darauf fuhren wir ab. Meine Hoffnung, Paula würde uns besuchen, erfüllte sich nicht; dann würden wir sie eben in München treffen.

Hundeglück und Bitten um mehr

In München nahmen wir gleich unsere Streifzüge durch die Isarauen wieder auf, alles war wie immer, schön ruhig und unruhig durcheinander, nichts Besonderes also. Doch.

Ich freundete mich mit Cleo an. Und das kam so. Kurz vor dem »Aumeister«, wo wir (Der Alte: »Ich brauch'n Bier«) oft rasteten, gab es eine große Wiese, mit einem Bach nebendran, da traf man oft Pferde, diese großen Tiere mit den harten Pfoten, komm denen bloß nicht zu nahe, Tiere, die ihre Herrchen durch die Gegend tragen, also, die mochte ich zu gern, weil sie immer so aufgeregt wegliefen, vor mir, obwohl ich doch viel kleiner bin, aber lauter!

Und deren Herrchen erstmal, da lernte man Schimpfwörter kennen! »Können Sie Ihren Köter nicht besser im Griff haben?« schnauzte mal einer von oben, also vom Pferd herab.

Na, der Alte war auch nicht aufs Maul gefallen, er lachte zurück: »Oder Sie vielleicht Ihren Klepper?« Klepper, das muß so ein Wort wie Köter sein.

Aber eines Tages galoppierte so'n Pferdeviech direkt

über die Wiese, ich lag gerade im Bach, um meinen Bauch zu kühlen.
Auf dem Pferd saß eine Frau mit einer langen weißen Mähne, und angemalt war die: fröhlich und grün um die Augen, und lila Backen, pinkig, sagte der Alte, und: »Die ist wohl auf dem Kriegspfad«, mokierte er sich.
Also die ritten da im Karacho über die Wiese, radadam radadam, und neben ihnen, riddeldim riddeldim, ein schwarzer Hund. Ich hinter den beiden, vielmehr den dreien her, laut, das Pferd regte sich irgendwie auf, stieg erst vorne hoch, dann hinten, jetzt rannte auch der Alte hinter uns her, er war aber ganz blaß und fuchtelig, und deshalb wohl: Waaammm, flog die Reiterin in die Wiese, krach, grad schön war's!
Der Alte schickte ein Stoßgebet zum Himmel, sauste wie der Blitz zu der Frau, der schwarze Hund stürzte sich auf mich, roch aber gerade noch rechtzeitig, daß ich ein lieber Baffo bin, und das Pferd verschwand am anderen Ende der Wiese. So lernte ich Cleo kennen, sie war kein Hund, sondern eine Hundedame, ja. Und sie roch gut! Zwar sah sie ein wenig verstümmelt aus, die Lauscher waren weggestutzt, so daß sie gar keine langen Schlappohren mehr hatte, sondern kurze, spitze, die nach oben ragten, und der Schwanz, der ja nun mal eigentlich zu jedem Hund gehört, den hatte sie auch verloren, wahrscheinlich im Kampf oder zwischen einer Autotür oder so, aber egal, sie roch so gut und war so schön. Und lieb. Also mehr geht nicht!

Später erfuhr ich, daß in ihr ziemlich viele Schnauzer steckten, da weiß man, wie gigagroß (Tobis Wort!) sie war, mit so vielen Schnauzern drin.
Sie rannte aber erstmal dem Pferd nach, sie wollte es wohl einfangen. Ich, natürlich, hinterdrein.
Als wir dann das Pferd zu der Wiese zurückbrachten, Cleo links, ich rechts, hinter dem Pferd, eine Weile im Kreis rum, daß es nicht mehr soviel Puste hatte – wir verstanden uns gut dabei, Cleo und ich, so als ob wir niemals etwas anderes getan hätten – als wir nun mit dem Pferd zwischenvorunsher zurückkamen, da hatte der Alte sich neben die Frau gestellt, die auch wieder stand und alles an sich schüttelte, Kopf, Arme, Beine. Funktionierte alles noch? Wollte sie wohl ausprobieren. Nur der Alte war seltsam, weiße Nasenspitze, und schwitzte, und er stotterte: »Meine Güte, meine Güte, das hätte aber ins Auge gehen können!« Ins Auge? Na ja.
Die Frau lachte, sie hieß übrigens Evička, und war sehr freundlich und lustig, also gar kein bißchen auf dem Kriegspfad, wie der Alte sie verdächtigt hatte. Die beiden gingen ein Bier trinken, in dem Garten beim »Aumeister«, das Pferd band Evička an einen Baum, Cleo und ich durften frei herumflitzen und unsere Freundschaft vertiefen.

Cleo war vielleicht eine! Zum Beispiel ihr Herrchen, der Peter, also wenn er nackend im Bad steht und Cleo seinen Schwanz anguckt, dann kriegt der immer Angst, daß sie ihm den abbeißt, und er zieht sich ganz schnell an, vielleicht sollte ich das beim Alten auch

mal versuchen, dann kommt er vielleicht schneller in die Hosen, morgens.
Wir verstanden uns alle sehr gut, und von nun an verabredeten wir uns häufiger, für den Park, aber auch für den Englischen Garten. Der Alte blieb meistens zu Hause (»ich habe zu tun«, typisch, wie immer, alter Stubenhocker!), dann nahm uns Evička mit, mit dem Pferd, das mochte ich auch.

Andere Hunde fanden meine Cleo natürlich ebenfalls nett, und einige Male mußte ich richtig zubeißen.
Ein großer Hund mit einem Knautschgesicht, als ob er gegen eine Tür gerannt wäre, ließ sich überhaupt nicht verjagen, weder mit gutem Fletschen noch mit bösem Beißen. Im Gegenteil, durch mein Metallhalsband hindurch biß er mir ein kleines Loch in den Nacken, na, dem habe ich aber was verbaffelt, ich packte sein Ohr und ließ es nicht mehr los...
Meistens ging sowas unentschieden aus, ich ein Loch im Fell, knurr dort, knurr hier, er ein Loch im Ohr, oder umgekehrt, jedenfalls blieb ich meistens Sieger, weil Cleo am liebsten mit mir spielte.
Von solchem Kampf kam ich schon mal zerschunden nach Haus. Regte sich der Alte auf! »Du wirst doch wohl kein Raufer werden! Dann war ja deine Schisserigkeit fast noch besser, alter Angstbeißer!«
Angstbeißer, hast du eine Ahnung, Alter! Wenn ein Kerl sich an Paula ranmacht, so vor deinen Augen, dann schnappst du doch auch zu, oder?
Das muß ihn irgendwie herausgefordert haben, denn nun kam er wieder häufiger mit.

Aber, Cleo wurde bald krank; das fing ganz seltsam an. Sie konnte ihr Pipi nicht mehr behalten, es tröpfelte einfach so raus. Also mich störte das ja nicht, aber Evička und Peter, und auch den Alten. Wenn Cleo mal zu Besuch kam, dann mußte er immer hinter ihr aufwischen, und Cleo war das auch unangenehm, aber es lief einfach raus, und es wurde schlimmer und schlimmer und vor allem immer mehr, und sie konnten ja nicht den ganzen Tag draußen sein mit Cleo, und einen Garten hatten sie auch nicht. »Sie pieschert die ganze Wohnung, sogar das Büro voll«, sagte Evička einmal, und ich merkte, in ihrem Kopf wuchs ein dicker schwarzer Kloß, der breitete sich immer weiter aus, und ihr Herz schlug flach und immer flacher, und der Kloß fraß immer mehr Gedanken aus ihrem Kopf in sich rein und wuchs.
Cleo, fand ich, könnte doch in unserem Garten wohnen, da stört das doch keinen, wir bauen ihr ein Dach, und ich zieh auch mal zu ihr, ja, soweit ging meine Liebe, oder wir ziehen mit Cleo nach Mugnaga, da stört sich erst recht keiner dran, und es sind doch auch nur Pipitröpfchen.
Siehstemal, als ob der Alte mich verstanden hätte: »Jeder Hund braucht seinen Herrn, weißt du, und wenn du das plötzlich willkürlich veränderst, dann gibt's da einen Knacks.«
So rum hatte ich mir das noch nicht überlegt, das mit dem Herrn und dem Knacks, wenn ich mal wegginge, ob der Alte dann auch einen Knacks . . .
Aber Cleo, Cleo – bedroht, von einem großen schwarzen Kloß, und der war in Evičkas Kopf.

Plötzlich weinte der Alte los, so richtig lange Schlabbertränen, liefen ihm einfach über die Nase und das Kinn runter.
Also, der Alte konnte auch schwarze Klöße in Köpfen riechen, hätte ich ihm gar nicht zugetraut.

Ein paar Tage später kam Evička, ohne Cleo, fiel dem Alten um den Hals und heulte ihm das ganze Hemd naß, dann umarmte sie mich, und mein Pelz kriegte auch jede Menge Tropfen ab, der schwarze Kloß in ihrem Kopf war weg, dafür war es jetzt darin ganz leer, das sah ich gleich, und an ihren Tränen schmeckte ich, daß Cleo – Mir schnürte es die Kehle zu, so wie wenn, als ob das Halsband zu fest zugezogen wird, und immer fester, so stellte ich mir das vor, ich weiß nicht, Menschen haben es leichter, die weinen einfach aus ihren Augen, so wie der Alte neulich, und wie Evička jetzt, aber du sitzt da, begreifst erst gar nichts, und dann doch was, und dann riechstschmecksthörst du es, und es kommt immer näher, und dein Herz tuckert dir bis in die Ohren, wird immer langsamer und größer, also das Herz, und Baaaammm, Baaaammm, Baaaammm, schlägt das Herz im Kopf, wie eine riesige, dröhnende Glocke, und das Haus schlägt mit, und der Garten, und der Park, und der Englische Garten, und Mugnaga, und der Alte, sogar dein Lieblingsfeind schlägt mit, und die ganze Welt, und da ist nur dieser Ton in dir, Baaammm, Baaammm, Baaammm, das bist du selbst, und das ganze All, und alle Tiere, und alles, hörst du es, Alter?, und dann kommt eine große heile

Ruhe über dich, dann ist es plötzlich still und klar, und eisig und warm, und du riechst die Vögel schreien, und hörst die Sonne zugleich mit ihren nächtlichen Kumpanen durch die Himmel sausen, und du schmeckst die Liebe des Alten, und der ganzen Welt, ja, Alter, hörst du es?

Aber Evička geht das anders, sie heult sich die Trauer aus dem Kopf.

»Ich höre es, ja«, sagte der Alte plötzlich und unvermittelt, »die Welle ist die Welle, aber auch das Wasser, und das Wasser ist Fisch ebenso wie Gabelweihe, wie Gras, wie Mücke, wie Hund, Baffolo, Knutz!«

Da wußte ich, er hat mich verstanden, irgendwie. Evička hörte auf zu weinen, sie dachte, mein Alter wäre durchgedreht.

Liebe Cleo im Himmel

Dies ist ein Hundegebet. Weil: Das Stoßgebet vom Alten hat ja auch geholfen.
Liebe Cleo im Himmel, ach spiel doch mal wieder mit mir!
Aber sie antwortete nicht, und der Alte konnte mir das auch nicht erklären, er meinte nur: »Die Antwort muß aus dir selber kommen«, das heißt, er sagte das natürlich nicht, er dachte es bloß.
Und ich suchte die Antwort überall, bis ich vergessen hatte, was ich eigentlich fragte, und dann hörte ich es plötzlich, nachts, auf der Terrasse in München, wenn du den Kopf auf die Brüstung legst, mach das auch mal, Alter, die Fledermäuse in Mugnaga tragen es weg, wohin:
Liebes Hundeherrchen im Himmel, Oberalter, wenn ich so sagen darf, vielleicht gibt es dich ja gar nicht, ich bin es alles selbst, ich weiß, du bist nur so eine alte mummelige Geschichte aus alten Tagen, wie der Drache und der Nachtvogel, nein, ein Tagvogel bist du nicht, doch im Dunkeln, wenn man sich fürchtet, dann braucht man dich manchmal, dann gibt es dich, wenn

man traurig ist, wie ich, zum Beispiel, oder ganz, ganz allein, so wie ich jetzt, also achte auf Cleo, aufwischen mußt du ja nicht, wenn Cleo Pipi macht, dann regnet es hier bei uns, das ist lustig. Und gib ihr auch mal einen Knochen. Wenn du ihn drei Tage liegen läßt, dann mag sie ihn besonders gern.

Und hol nicht alle auf einmal zu dir, weil hier unten ist es doch auch ganz schön, ich weiß zwar nicht, warum es Zecken gibt, du vielleicht? Und ich weiß auch nicht, wer Krokodile erfunden hat, sollen nämlich sehr gefährlich sein. Ich kenne aber einen Berg, der ist ein Krokodil und ein Elefant zugleich.

Und hab nicht immer so große Gefühle, das ist zu anstrengend, man muß ja auch mal die kleineren sehen. Also wenn ein Pferd auf eine Mücke tritt, dann kann man darüber streiten, ob das kleine Tier nicht viel größere Gefühle hat als das große, und gemessen an einem Walfisch ist Cleo sehr, sehr klein, also behalt sie gefälligst im Auge, großes Oberherrchen im Himmel oder wo, und ich hoffe, du hast gehört, daß ich *bitte* gemeint habe, denn bitte, das ist ein Hammerwort, da kann keiner widerstehen, selbst du nicht, du schon gleich gar nicht! Und nimm mir bitte nichts weg, bloß die Angst, manchmal, weil alles andere brauch ich noch so dringend, zum Beispiel den Alten, und wenn ich nächstes Mal den Mond anheule, dann höre gefälligst besser hin, ach ja, und Cleo brauchte ich auch ein klein wenig, doch das geht wohl nicht, aber rühr mir vor allem meinen Alten nicht an, das ist mein Knochen, und wer mir den wegnehmen will, den beiß ich, lieber Mann.

Und noch was: Paula, die brauchen wir auch, weil ein Hund, nein, ein lieber Baffo braucht solche Menschen wie Paula und den Alten. Und Anna und Tobi.
So. Und gib der Cleo einen nassen Nasenstüber.

Plötzlich sagte der Alte hinter mir »Amen«. Er war auf die Terrasse gekommen, hatte sich da hingesetzt und mich einfach belauscht.
»Nein«, sagte der Alte, »ich sagte nur ›Amen‹, weil dein Hundegebetchen sonst womöglich an die falsche Adresse geschickt wird, das ›Amen‹, weißt du, das ist sowas wie ein Befehl, aber an dich selbst, ähnlich wie ›Bitte‹.« Ich wußte doch, daß ich den Alten brauchen konnte!

Einmal gab es eine ganz gefährliche Situation, da brauchten wir uns beide. Wir stapften in den Isarauen herum, stand da plötzlich ein riesiger schwarzer Teufel, fast so groß wie ich, aber böse, und mit einem Gebiß, einfach zum Fürchten, und das zeigte er mir. Also er gewann, leider, aber er biß und biß immer weiter, obwohl ich schon längst auf dem Rücken lag und mit allen Vieren nach oben strampelte und ihm damit Zeichen gab, daß er aufhören konnte, aber er hörte nicht auf. Und kein Gebetchen half. Da regte der Alte sich auf, schrie das Herrchen des anderen Hundes an. »Rüpel, Büffelboffel ... ist ja widerlich ... jetzt nehmen Sie Ihren Hund und verschwinden ...!« Richtig wütend war der Alte. Dabei hatte der Hund wahrscheinlich nur vergessen, daß Schluß war mit Beißen, wenn der andere auf dem Rücken ...

Aber das Herrchen ließ sich nicht einschüchtern, er blies auch die Backen auf und plärrte den Alten an, wenn er, also der Alte, nichts von Hunden verstünde, dann solle er sich schleichen, »sackerzement nochmal«, und dann standen die beiden fast Nase an Nase und brüllten, zu komisch, allerdings hätten sie einander beinahe geprügelt.
Der Hund hatte mich inzwischen doch losgelassen, und ich heulte lieber mal schnell los, deutlich hörbar, und es hatte ja wirklich weh getan.
Der Alte kümmerte sich auch gleich um mich. Und so rettete ich ihn, denn das fremde Herrchen war stark und böse und mordgierig und riesig, fast so groß wie der Alte.
Bis wir daheim waren, hatte sich der Alte wieder einigermaßen beruhigt.
Wir pflegten unsere Seelen – und der Alte meine Wunde auf der Brust, mit so brennendem Zeug, aber schön war es doch, man muß ja auch mal kämpfen können, draußen, dann macht das Trösten, drinnen, doppelten Spaß.
Ach, Alter, mal rettest du mich, mal ich dich, und dann sitzen wir zu Hause und lecken uns gegenseitig die Wunden. Ich krieg 'nen Knochen, und du kriegst 'ne Paffe, und die Versicherung zahlt die Hundeohren, ist so ein Dackelohr eigentlich teuer? Und ist meine Brust auch versichert?

Unsicher bin ich beim Alten schon mal, bei Knochen fällt mir das ein. Gab er mir einen Knochen aus dem Eisschrank, aber einen ganz kalten und frischen, riecht doch nicht, schmeckt doch nicht, gehört erstmal vergraben, aber er mochte das nicht, »gräbst nur im Garten herum, olles Ferkel«, sagte er, wirklich! Also du magst nicht, daß ich den Knochen verbuddel, und ich mag nicht den Knochen so neu, wie einigen wir uns denn nun?

Er paßte mal wieder auf, daß die Tür zum Garten geschlossen blieb, wartete, bis ich mich irgendwo vertrollte, beleidigt natürlich, damit er's merkte, legte ihm das Stück mitten ins Zimmer, siehstemal, riech selber dran, und dann, nach einer Weile, vergaß er den Knochen, und als die Tür mal aufging – schwupps, war ich draußen und versteckte den Knochen doch, hatte meine Ecke dafür.

In der nächsten Zeit paßte der Alte wieder höllisch auf die Tür auf, und als ich wieder rausging, raus mußte, stellte er sich ans Fenster und guckte, wollte wohl wissen, wo ich den Knochen gelassen hatte, aber das verrate ich doch nicht, und der Knochen mußte noch einige Zeit draußen lagern, sowieso, ich hatte Geduld.

Aber der Alte nicht, stell dir vor! Listig, listig. In einem unbeobachteten Moment, wie er dachte, latschte er entschlossenen Gesichts in den Garten, griff sich eine Harke, schaute überall hin, er wird doch nicht...

Ich ihm natürlich nach, schnüffelte an allen Plätzen herum, nur nicht da, wo der Knochen wirklich lag, und er schubste mich immer beiseite, harkte den Boden auf, fand auch alles Mögliche, aber nicht meinen Knochen, den suchte er, was wollte er bloß damit?

»Du Lump, nun hol schon den Knochen, mir wird kalt«, meinte er, aber den Trick durchschaute ich und wies ihm Stellen, an denen er buddeln durfte. Köstlich, ich zeigte ihm mein rechtes Auge, er mir sein linkes, er merkte, was ich will, ich, was er will, und so standen wir schiefköpfig im Garten, und ich sah, wie es in seinem Kopf herumfuhrwerkte, aber ich ließ mir meinen Knochen, also die Stelle, nicht anmerken!
Er stapfte wieder ins Haus, stöhnte und fror, aber seine List würde noch nicht zu Ende sein, das roch ich ihm an.
Ich rannte zu meinem Versteck, grub den Knochen aus, und fraß ihn auf der Stelle auf, schnell, schnell, wenn du ihn nicht sollst, dann schmeckt er auch frisch, und ich sah ihn genau: Der Alte stand am Fenster, wollte die Knochenstelle wissen, nun kannte er sie, aber das nutzte ihm nichts, denn unser Garten ist größer als der Englische, wenn du einen Knochen verstecken willst und er den finden möchte, nämlich.
Warte nur, dachte der Alte, das nächste Mal! Warte du nur, Alter, das nächste Mal finde ich ein neues Eckchen.
Und was sollte der ganze Aufwand? Er hatte mir den Knochen ja selber gegeben, er mochte nur nicht, daß ich mit klutschigen Pfoten und als »Dreckbart« wieder reinkam. Blödsinn, sowas. Und wenn du mich nochmal Dreckbart nennst, muß ich mir auch einen neuen Namen für dich ausdenken.

Ein dummer Zufall, das ist alles

Es war ein griesiger Morgen, kalte Nebel lagen über dem Park, bald würde wieder dieser herrliche Schnee herabschweben, Kinder rannten herum, zu der Zeit verkleideten sich schon viele, hauptsächlich als Indianer und Cowboys. Ich war ihm entwischt, dem Alten, in den Park, das sah er gar nicht gern, aber er saß mal wieder am Schreibtisch und machte sich darunter mit seinen großen Füßen so breit – mein Platz sonst! Aber ich fand es auch viel schöner, durch das Laub zu rascheln, hier und da mal eine Haferflocke zu naschen oder eine Pappsemmel, und überhaupt sollte die Welt mal wieder deutlich erfahren: Maffo war hier!

Und die Kinder im Park – Cowboys und Indianer schießen wohl aufeinander, so war das jedenfalls an diesem Tag, heute, jetzt, hier, Peng!

Das schoß mir so in die Seele, schoß mir in die Hinterbeine, und ich kenne das schon, kann den Beinen nicht gebieten, sie laufen einfach weg mit mir, weg von dem Knall, und Peng! Peng!, wieder. Peng, Peng, Peng, es stürzte mit mir davon, über die Straße –

Ein Auto, ich sah es nicht, das tat weh, Splittern, Krachen.
Das ist endgültig, mehr geht nicht.
Holt den Alten! Aber die Leute, die sich um mich scharen, verstehen mich nicht.
Schließlich kommt der Alte doch, mit langen Schritten, im Hemd – mein Alter, frierst du nicht?

* * *

Sie hatten mich geholt, zwei aufgeregte Kinder, zwei Cowboys, die den Fasching nicht abwarten konnten, mit verschmierten Gesichtern, verheult. »Doktor«, sagten sie, »der Hund, Baffo . . . wir wollten es nicht, kommen Sie, schnell!«
Ich hatte das Krachen auch gehört, mir nichts dabei gedacht, ein Autozusammenstoß, geschieht euch recht, ihr Dussel, aber jetzt – Baffo?
Der Hund hatte nur auf mich gewartet, ich sah es gleich: Das war endgültig, er war nicht mehr zu transportieren, die Menschen, das Auto, der Hund, seine Haltung, mein Baffo! Und das Blut . . .
Ich kniete mich zu ihm hin.

* * *

Alter, mach nicht so ein Gesicht, bitte, jetzt keine nassen Augen, darüber sind wir doch weg, denk an Cleo, es schmerzt schon genug, wenn du mir jetzt *bitte* die Haare aus den Augen streichst, bitte, *jetzt,* ich kann mich nicht mehr rühren, und ich muß dir noch so viel beibringen, du, dir, mit deinen Augen, du wirst das schon verstehen, ein paar Gedanken hast du in deinem ganzen schlauen Kopf noch nicht gedacht, aber du mußt sie schnappen, und zwar schnell, etwas kriecht mir den Bauch rauf, ihr nennt das wohl Tod, und das ist ein Ende, aber das ist es nicht, es tut weh, ja, endgültig weh, das läßt sich auch nicht mehr wegstöhnen, auch wenn ich es könnte, ich würde nicht fortlaufen, nicht mehr, ja, ich habe mal wieder Angst gehabt, aber, weißt du, das war ein Krachen, mehr geht nicht, wie das Omelen, als wir uns kennenlernten, bei dir, auf dem Tisch, in Mugnaga, ach Mugnaga, in deinen Bademantel hast du mich gewickelt, da gab es draußen eine Himmelskrone, so'n Regenbogen, weißt du noch, ein Omelen, ein gutes Zeichen, das habe ich gleich gewußt, aber diesmal, das Ballern, war auch ein Zeichen, ein böses, nein, eben nicht, ein Zeichen nur, es mußte alles so kommen, es war so bestimmt, bei mir, ja, ich bin weggelaufen, ich hatte solche Riesenhundeangst, so was kennst du gar nicht, so groß, ich habe das Auto nicht gerochen, weil ich die Nase vor Angst so weit zukneifen mußte, weißt du noch, wie ein Mops mit 'ner Nasenklammer, ha! und der Kopf wird so ein kleiner enger Kasten, es schmerzt, lähmt, lähmt, und ich muß dir noch beibringen: die Welt, das ist ein einziger Geruch, drei Gerüche, nein, so viele Gerüche, wie es Sterne gibt, und der Nachtvogel nagelt sie an das Firmament, und der Drache frißt auch den Nachtvogel, aber spuckt ihn anderntags wieder aus, lauter wilde Geschichten, so ungezähmte, das kannst du nachriechen, du vielleicht, was mir jetzt in den Kopf kriecht, das ist nicht der Tod, das ist ein neuer Geruch, einer, den keiner kennt, eine neue Geschichte, ein Anfang, weißt du, so wie man sagt: Es *wird* einmal, *das* sind die schönsten Geschichten, und jetzt leg deine Hand in meinen Nacken, du kennst doch die Stelle, und ich erinnere dich an Paula, an Anna und Tobi, an Teresa Wakwak, was sie wohl macht?, und paß gut auf, auf alle, Alter!

* * *

Ein tiefer Seufzer, dann zitterte, bebte das große Tier, die Augen verloschen, ein letztes Wackeln seiner Nase, seiner schwarzen, jetzt blutverschmierten Nase. Baffo Barbone ahnte, fühlte ein neues Universum, ein Ende, ein Anfang, mein Baffo!
Ich halte meine Hand in ihn gekrallt, lange, selbstvergessen. Ich spüre dieses Fell, sein Fell. Immer hatte ich nach Vergleichen für Baffos Geruch gesucht. Sandelholz oder Mandel? Nein. Er roch eigen, nach sich, nicht vergleichbar, ich stecke meine Nase in deinen Pelz, nur wenn er naß war, merkte ich den Hund, Hände, die über sein Fell gleiten, ein festes Haarkleid, sagt man, aber es ist kein Kleid, nichts ihm Fremdes, er riecht wie immer, die Hände wurden staubig und schwarz, jetzt auch klebrig und rot vom Blut, nur die Verletzungen nicht fühlen! Oft roch er nach denen, die ihn gerade gestreichelt hatten, nach Menschenausdünstungen, künstlichen, oder nach brackigem Wasser, wenn er aus dem Eisbach stieg, und doch, wenn er trocken war, wieder, er, nicht haben wir dich unnötig mit Seife gewaschen, die selbstfettenden Haare reinigten sich von allein, und so

riechst du auch nun, ungewaschene Kinderhaare erinnern wohl an Maggi, scharf, aber die Nase nimmt auf: Tier, du, und die Hände fassen es nicht.

Plötzlich wurde ich gewahr, daß er sich fremd anfühlte, durch seinen dicken Pelz, das Leben entwich, der mächtige Körper entspannte sich, er hatte den Kampf, welchen Kampf, verloren, und ich atmete tief durch, ach.

Baffo hat mir seine Geschichte erzählt, ich habe ihm in dieser allerletzten Sekunde versprochen, alles wahrheitsgetreu, so, wie ich es verstanden habe, aufzuschreiben. Und er, er wartete auf mich, erst dann konnte er sterben.
Aber wenn ich ehrlich bin, und *das* will ich sein, daran ist mir gelegen, muß ich gestehen: Ich habe mir natürlich alles nur ausgedacht, aber doch nicht erfunden, versucht, der Wahrheit so nahe zu kommen, wie nur irgend möglich . . .
Baffo, mit seinen klugen Augen, Barbone, genannt Dicker, Botznbotzn, Bär, Futzfiddelfaddel, Schnatzköter und Knutz, manchmal muß er gedacht haben, daß er *neinnein* hieße oder *sitz,* du liebe alte Schmutztappe, bist ganz schön durch mein Leben getrampelt . . . Deine Spuren.

Ein Abschied

Jetzt sitze ich wieder auf den Stufen, vorm Haus in Mugnaga, *torre grigio,* ich bin nur seinet-, Baffos wegen hergekommen, will von uns Abschied nehmen.
Zwei Jahre und zwölf Tage Baffo – zehn Tage ist es her, daß er starb.
Ein kühler Wind fährt durch die Gassen, heult ums Haus, der blankgeputzte Himmel gibt mit dicken weißen Wolkenballen an.
Ein Gewitterknall hat mir einen Hund gebracht, zwei Jahre und zwölf Tage, ein Knallgewitter, ja, so sehe ich das, hat mir Baffo genommen, *temporale* eben, ja.
Jetzt erst kann ich wieder weinen.
Ich denke zurück an sein letztes Ächzen. Auch das, das er täglich von sich gab, hatte schon immer etwas Endgültiges, eine Ahnung von Himmel, von Hölle, auch hatte sein Heulen solchen Beiklang, wie Bäume im Wind rauschen, manchmal Sehnsucht, und trotzdem Frieden, ja, Frieden, Einklang mit sich, *eins.*

Ich habe Baffo begraben, habe ihn im Garten vergraben, in München, es ging nicht anders, es ist verboten, aber was ist ein toter Hund? Eine Sache, wie ja auch ein lebender Hund eine Sache ist, sie muß der Tierkörperbeseitigung oder gar -verwertung zugeführt werden. Ein Wesen für den Müll, auf den Müll, ich begrub ihn lieber, aber es ist nun mal untersagt. Hundefriedhöfe? Kitsch, grausam, für falsche Gefühle gemacht, also für keine.
Ich fuhr noch zum Tierheim raus, nach Riem, sie würden Hunde feuerbestatten, hatten sie am Telefon gesagt, das heißt, sie verbrennen die Kadaver und füllen die Asche in mehr oder weniger pompöse Urnen, eine reine Preisfrage . . . Nein, nicht der Preis, eine Frage der Höhe der *freiwilligen* Spende, je höher, desto edler die Hundeurne.
Dann kam ausgerechnet noch ein altes Weiblein, gedrückt vom Leben, allein, eine schmerzvolle Maske, erstarrtes Gesicht, sie wollte eine der gefüllten Urnen, ihre Urne, abholen.
»Diese?« »Nein, diese, die große.« Aha.
»Ach«, sagte die Frau vom Tierheim, professionell mitleidig, »dann war er ein großer Hund.«
Das Muttchen verkroch sich in ihrem Mantel, murmelte noch was von Spende, vierzig Mark, die ihr schwer genug gefallen sein mochten, dann nahm sie die ordentliche Spendenbescheinigung, dann die große Urne, klassizistische Ausführung, und schlurfte, Blick nach innen, den Korridor lang, die Urne im Arm, wie man eine kostbare Vase trägt. Und sie trug schwer, das Alter, das Leben und ihre letzte Einsam-

keit beugten sie, machten sie klein, allein. Nicht mal Tränen hatte sie mehr.

Nein, Baffo, so nicht, nicht mit dir!

Ich habe Baffo im Garten vergraben, vierundsechzig Zentimeter tief, wie es eine weitere unsinnige Vorschrift gebietet, obwohl doch das Ganze verboten ist.
Vierundsechzig Zentimeter sind viel zu graben. Es regnete in Strömen. Ich hatte Baffo in seinen Korb gebettet, in seinen knörzeligen, nun paßte er hinein, zum letzten Mal »Alle Mann an Deck«, unwiderruflich.
Damit Baffo, während ich grub, nicht naß wurde, deckte ich ein Tuch über ihn, warum nur? Ich weiß es nicht.
Ich legte ihm seine Leine in den Korb, unsere Leine, und sein Halsband. Seltsame Grabbeigaben, warum? Ich weiß es nicht.
Dann die Erde, die Erde über ihn, ihn zu bedecken, die Erde, die naß duftende Erde, Erde zu Erde, Versuchung, sich noch einmal dagegen aufzubäumen, gegen was?
Nein, es ist gut, es ist gelebt, so war es.
Salute, baffo, salve!

Kein Schild, kein Stein zeugt von dem Ort, Baffo braucht kein Denkmal, keine Trauerwerkstatt, keinen Reliquienschwindel.
Baffo ist.

Baffo war: ein eigenwilliger Strolch, voller dumpfer Weisheit, Liebenswürdigkeit – ach Quatsch! Er war ein Hund.

Oder war er ein Engel auf vier Beinen? Ein Maff eben, wenn es denn sowas gibt – und erkläre mir mal einer den Unterschied zwischen Engeln, Hunden und Maff. Und ob es wohl auch einen Hundehimmel gibt, so wie Kinder es glauben, oder gar eine Hundehölle, wo es gewiß interessanter ist und mehr zu schnüffeln und Pantoffeln und Lachs zu stehlen gibt?

Und ob der Hundehimmel nach taufrischem Gras riecht am Morgen und ob Eidechsen da auch zugelassen sind? Ob es nach Hasen und Schmetterlingen am Mittag und nach Chappi, igitt, am Abend schmeckt, oder nur nach Käse und niemals nach *crosans?*

Oder ob das Draußen nur in uns selbst stattfindet, wie unsere Vorstellungen und Empfindungen auch, Trauer, Fröhlichkeit, aber auch das Du, das Gegenüber, der andere, sind wir nicht *eins?* Getrennt sind wir doch nur von uns selbst, und sollten es nicht sein, weil es nichts gibt und sich nichts ereignet, was wir nicht sind, wir sind auch nur ein Teil, und das Ganze, das sich kleingläubig für einen Teil nur hält: *Tat twam así.* Hast du nun, nach dem letzten Schritt, endlich verstanden? Bist du aus dem Schlaf der Verkleidungen erwacht? Wer sieht, daß Alles, daß Eines in allen Wesen wohnt, nicht vergehend, wenn sie vergehen, der ist sehend. Und dieses: Du bist nicht *wie* es, *du* bist es, *das* ist das Selbst, das *bist* du, und das ist auch das Geheimnis unwandelbarer Liebe.

Ich wollte diesen einen Tag hier in Mugnaga sein, nur den einen, ich wollte mich noch einmal versichern, wollte spüren, merken, wissen, ob ich wirklich etwas gelernt, erfahren habe in den zwei Jahren und zwölf Tagen. Bist du noch du selber? Du bist es, aber du bist auch mehr.
Gefolgschaftstreue ist ein gefährliches Wort, wenn man es nicht von zwei Seiten begreift und sich selbst damit meint, und nicht mehr als sich selbst, und die unverbrüchliche Bindung, schon dem Wort schmeckt man die Enge an, dabei ist es doch so: Wenn zwei sich aneinander binden, kann das auch einen Zugewinn an Freiheit bedeuten, muß es sein! Zwei freie Wesen, die zusammenkommen, können nicht weniger sein als eines allein. Mach dir nur das Ungewöhnliche, und dies nicht zur Gewöhnung.
Ja, Paula, altes Tempodram, ich glaube, ich habe etwas hinzugelernt, so ganz tief drin, so zwischen den Ohren, von Baffo gelernt, von mir, von uns.
Bald bin ich bei dir, Paula, ich möchte mal wieder an uns schnuppern, maff, wenn du verstehst, was ich meine.

Epilog

Telegramm, morgens um sechs, ich lag noch in den Federn, döse zur Tür, »ein Telegrahamm«, sagt dieser entsetzlich morgenfröhliche Postbote. Ich reiße den Umschlag auf: Von Paula: »Ankomme Donnerstag. Mit Hund. Baffo wird sich freuen (ach ja, Paula weiß ja noch gar nicht . . .). Hund ist Hündin (typisch Paula) und hat ca. acht Junge im Bauch (waaasss?). Und ich auch, aber nur eins. Kuß. P.«